Rompa el Molde
Entrar Todod Tu Potencial En Cristo

Cody A. Wallace

Rompa el Molde: Entrar Todod Tu Potencial en Cristo

©2023 Grace Acres Press

Publicado por Grace Acres Press
Fort Dodge, Iowa

Diseño de portada por Abbie Boyd

ISBN – 978-1-60265-096-1

Reservados todos los derechos. Ninguna parte de esta publicación puede reproducirse, almacenarse en un sistema de recuperación o transmitirse de ninguna forma o por ningún medio (electrónico, mecánico, fotocopia, grabación o cualquier otro) excepto una breve cita en reseñas impresas, sin el permiso previo de el editor.

Las citas bíblicas son tomadas de LA BIBLIA DE LAS AMERICAS © Copyright 1986, 1995, 1997 by The Lockman Foundation.

Creer en Jesucristo como Salvador no es el final del viaje, es solo el comienzo. En ese viaje, el creyente pronto encontrará y será desafiado por Romanos 12:1-2 a ser un sacrificio vivo. Cody Wallace ha hecho un trabajo magistral al extraer el significado y la importancia de estos versículos de una manera que ayudará al creyente a crecer. Sus puntos de vista provienen del conocimiento del texto bíblico, el idioma original y las experiencias de su vida y ministerio. El lector encontrará un estilo agradable y fluido en el libro, pero más importante aún, la motivación para comprometerse con el Señor de una manera profunda. Los cristianos deben leer, digerir y usar este libro para ayudar a otros en su camino.

-Charles C. Bing, ThM, PhD
Fundador y Presidente, GraceLife Ministries

Un libro inspirador y poderoso de Cody Wallace. Este libro es alentador, desafiante y tiene un enorme poder para desatar tu potencial en Cristo. Las palabras de Cody son bíblicas y su sabiduría inspirará a los lectores a romper el molde de este mundo y permanecer en Cristo.

-Joe Filer
Fundador y Director de Freedom Church Movement
Autor de *Reproducing Grace: Starting a Free Grace Movement in Your Region*

Demasiados cristianos son imperceptibles del mundo que les rodea. Se están conformando al mundo, no transformándose a la imagen de Cristo. Por eso estoy tan entusiasmado con el libro de Cody Wallace *¡Rompa el molde!* Cody entreteje interesantes historias personales con verdades bíblicas relevantes para animarnos a lograr todo lo que Dios desea para nuestras vidas.

-Jim Scudder
Pastor, Quentin Road Baptist
Presidente, Dayspring Bible College

Demasiados cristianos asumen que creer en Jesús es sinónimo de seguirlo. El pastor Cody Wallace dice en su libro: "Puedes creer en Jesús, pero eso no significa que lo sigas". He conocido y servido con el pastor Wallace en la iglesia local durante muchos años y sé personalmente que su pasión es ver a los cristianos transformados a la imagen de Cristo y siguiéndole. Este libro le permitirá ver Romanos 12:1, 2 de una manera diferente y transformable. Así que, si está buscando la transformación en su caminar cristiano, ¡este libro es para usted!

-John Echevaria
Pastor Asociado, Southwest Community Church

Si desea sinceramente vivir por encima de la riña durante estos tiempos tan divisivos en los que vivimos, entonces le recomiendo que lea *Rompa el Molde: Entrar Todod Tu Potencial en Cristo*. El pastor Cody Wallace, en este libro corto y fácil de leer, nos ayuda a navegar a través de aquellas cosas que nos impiden ser obedientes al evangelio, conformándonos a los "modelos de este mundo presente." Él nos da una idea de cómo abandonar las ambiciones egoístas dentro de nuestros respectivos ministerios, trabajar en colaboración con otros seguidores de Cristo y, en última instancia, darle a Dios la gloria por todas las grandes cosas que hace con y a través de nuestras vidas.

-Al Fernandez
Representante Regional, SBC

Cody presenta un buen razonamiento de las Escrituras y brinda metáforas muy alentadoras para que los lectores entiendan cómo aplicar las verdades de Dios en sus vidas. Leer el libro de Cody lo ayudará a desarrollar una relación más cercana con Jesús y cumplir la misión de su vida.

-Rod Earls, PhD, DMin
Profesor de Estudios Prácticos
John W. Rawlings School of Divinity

En estas poderosas páginas, el pastor Cody Wallace lo guía en un viaje que lo lleva de simplemente creer en Jesús, a seguir a Jesús, y luego a ser transformado a su imagen. Si desea encontrar un nuevo propósito, una dirección clara y un significado revelador en su vida - ¡abróchese el cinturón!

-Rick Blackwood, DD, DMin, EdD
Liderando desde el Púlpito

Rompa el Molde de Cody Wallace es un libro que logra una hazaña atípica. Es breve y profundo a la vez. *Rompa el Molde* le brinda al lector una imagen profunda sobre cómo sumergirse más profundamente en la fe cristiana y de igual forma es una lectura muy fácil de digerir para el cristiano joven. Si aun necesita avanzar en su viaje cristiano por el camino que lo lleva a cosas más grandes en Cristo, *Rompa el Molde* es un lugar maravilloso para comenzar.

-Shawn Willson
Pastor de Grace Community Church, River Ridge, LA
Rev Reads Book Reviews

Su teología del discipulado será una extensión de su teología de la salvación. Si cree en la salvación por obras, verá el discipulado como parte del esfuerzo por abrirse camino hacia el cielo. Lamentablemente, esa opinión ha sido popular a lo largo de la historia, y es la fórmula para la culpa, la desilusión y el agotamiento. Por el contrario, Cody Wallace en su libro *Rompa el Molde* muestra el discipulado como una extensión de la preciosa verdad de que la salvación es por gracia a través de la fe, aparte de las obras. Lejos de fomentar la pereza, el rico suelo de la gracia proporciona el mejor ambiente para producir una vida fructífera de servicio a Cristo. Wallace le presenta a cada lector este desafío: después de creer en Jesús, ¿también elegirá seguirlo? Si lo hace, lo que puede ganar es incomparablemente mayor de lo que podrías perder".

-Shawn Lazar
Grace in Focus Radio

¿Cómo se convierten las orugas en hermosas mariposas? El secreto que se encuentra en la naturaleza proporciona una metáfora viviente del proceso por el que Dios lleva a sus seguidores al lugar de la verdadera transformación.

Mi estimado amigo y pastor, Cody Wallace revela un proceso perspicaz de nuestra propia metamorfosis como seguidores de Jesús hacia una gloria cada vez mayor y vidas transformadas en nuevas y vibrantes creaciones en Jesús. Examinando las palabras en solo dos versículos de Romanos 12:1-2, nuestro autor descubre las riquezas y explora las profundidades como erudito con un estudio etimológico cuidadoso y a su vez como pastor, expresando preocupaciones pastorales que sacan riquezas a la luz y muestra la vida a ser vivida por los creyentes.

Si eres un pastor veterano en el ministerio de enseñanza de la palabra, te beneficiarás de los profundos estudios de la palabra que presenta Cody. Si está dirigiendo un estudio bíblico y está preocupado por llevar estas verdades a aquellos a quienes dirige, las ideas prácticas lo estimularán en los caminos para bendecir su estudio.

Si te preguntas, ¿vive este autor las verdades que profesa y escribe con tanta pasión y claridad? Nuestro amigo es el verdadero negocio. Como hijo, esposo, padre, pastor, educador, autor, miembro de la iglesia local, vive lo que dice y lo predica. Las verdades enseñadas son las mismas verdades vividas. Solo pregúntale a su querida esposa e hijos. Pueden ver a papá de cerca y personalmente día tras día. Y una ventaja adicional, Cody vive estas verdades y las enseña en una de las grandes ciudades de Estados Unidos, Miami. Estas verdades modeladas para Miami se aplican a todas las culturas del mundo.

Por lo tanto, le sugiero que comience con una biblia abierta, una libreta de notas, una taza de café y avance lentamente a través de su estudio y permita que Dios también traiga una transformación más profunda a su corazón. Elévate y vuela como la hermosa mariposa en la que Dios te ha convertido.

-Dr. Jim O'Neil
Cofundador y Presidente de NextGen Leaders Conference
Director de Mobilization, Frontier Ventures

Hay muchas personas que ayudaron en la traducción de este libro del inglés al español, sin sus esfuerzos este trabajo no seria posible. Vince, Mercedes y Ralph gracias por comunicar mis palabras. Ronell, este libro no existiria sin tu dedicación a la visión de transformar vidas, gracias por capítulo tras capítulo, palabra por palabra, dando lo mejor de ti.

Mamá, llenas casi todos los capítulos de este libro con una historia de mi infancia. Te debo tanto, desde que me mecías de niño cantándome canciones de cuna en español, o haciendo la 'sana la rana' cuando me lastimaba. Este libro está escrito en el idioma de la primera mujer que me amó: mi mamá. Te amo mucho!

PRÓLOGO

Mucha gente hoy en día confunde entrar en la vida Cristiana con vivirla. Incluso pretenden que el hecho de que uno *lusca como* Cristiano o no compruebe si uno es Cristiano o no. Cody Wallace no hace eso. Él reconoce que la salvación eterna es el regalo gratuito de Dios comprado y pagado por la muerte de Su Hijo en la cruz y Su resurrección al tercer día sin ataduras. Lo que hace Cody es animarnos a tomar la vida cristiana en serio.

Por lo tanto, este libro es para creyentes, no para incrédulos. Sumergiéndose en Romanos 12:1-2, Cody nos anima a vivir el tipo de vida sacrificada que puede sacarnos de nuestra zona de comodidad, pero que marca una diferencia en un mundo que necesita ver como es vivir como vivió Cristo. Una frase contenida en este libro resume su corazón: "Necesitamos rechazar la tentación de aferrarnos a la comodidad y, en cambio, abrazar el crecimiento."

A medida que lea este libro, sentirá la pasión detrás de las palabras de Cody, la misma pasión que he visto en él desde el momento en que lo conocí hace años. Este libro no está escrito para dar información; está escrito para cambiar vidas. No habrá un solo creyente que no sea retado y ayudado por lo que Cody tiene que decir.

Saldrás de este libro no solo sabiendo la dirección que los creyentes deben seguir, sino que también aprenderás cómo llegar allí. Como admite fácilmente Cody, habrá costos y sacrificios a lo largo del trayecto, pero hay una gran recompensa al final del camino.

R. Larry Moyer
Founder and CEO
EvanTell

PREFACIO

Escribir este libro ha sido un verdadero viaje personal para mí. Aunque el manuscrito se escribió durante algunos años en períodos breves durante el seminario, ha estado en desarrollo durante más de veinte años. Entonces se preguntarán, ¿por qué escribir sobre un pasaje bíblico tan pequeño?

Cuando tenía diez años, aprendí acerca de Jesús y cómo murió, fue sepultado y resucitó para que yo pudiera ir al cielo. Crecí en un hogar "cristiano" y al parecer cuando nací el médico dijo: "Felicitaciones, dio a luz a un niño cristiano saludable". Sentí durante años que mis padres eran creyentes, lo que significaba que yo también lo era. Pero el domingo de Pascua de 1992 supe la verdad. Efesios 2:8-9 dice "Porque por gracia habéis sido salvados por medio de la fe, y esto no de vosotros, sino que es don de Dios; no por obras, para que nadie se gloríe". Nadie puede ganarse el cielo, nadie puede comprarlo, y no dependía de nadie conseguirlo para mí.

"En verdad, en verdad os digo: el que cree, tiene vida eterna" (Juan 6:47). Como dice este versículo, dependía de mí, creer lo que hizo Jesús. Así que ese Domingo de Pascua durante la escuela dominical confié en Jesús como mi Salvador.

Quisiera decirles que desde ese momento viví para el Señor y tuve una relación con Él, pero eso sería mentirles. Tuve una relación difícil con Dios después de eso, y durante los siguientes ocho años, mi caminar fue (en el mejor de los casos) inestable.

Sin prolongar el drama, en la escuela secundaria, me metí en problemas con la ley debido a las malas decisiones y haberme juntado con las personas equivocadas. En la escuela secundaria, el atletismo me mantuvo enfocado y alejado de la rebeldía, pero el miedo a la prisión endureció mi corazón y abrumó mis pensamientos hasta el punto de que el ejercicio y el deporte de la lucha se convirtieron en mi vida.

Durante una lucha, me disloqué el hombro, me desgarré el labrum del hombro en tres puntos y se me desgarraron tendones, músculos y ligamentos. Nunca llegué a luchar en competencias estatales o nacionales, y mis esperanzas y sueños de ser atleta más allá de la escuela secundaria se derrumbaron. Perdí mi auto porque era de transmisión manual, y la lesión era en mi hombro derecho lo que me impedía operar la palanca de cambios y finalmente perdí a mis amigos porque ya no era luchador y no tenía auto.

Cuando me gradué, me deprimí mucho y me mudé a Orlando donde comencé a consumir alcohol y fumar marihuana todos los días para mantener alejados los recuerdos. Tres meses antes de cumplir 20 años me desperté llorando. Estaba molesto, solo y confundido. ¿Cuál era el sentido de mi vida? Me sentí vacío, perdido y sin propósito. Por alguna razón, miré mi repisa y divisé mi vieja Biblia polvorienta que no había abierto en años. La agarré y la abrí, y el verso en el que se abrió se apoderó de mí.

> Por consiguiente, hermanos, os ruego por las misericordias de Dios que presentéis vuestros cuerpos como sacrificio vivo y santo, aceptable a Dios, que es vuestro culto racional. 2 Y no os adaptéis a este mundo, sino transformaos mediante la renovación de vuestra mente, para

que verifiquéis cuál es la voluntad de Dios: lo que es bueno, aceptable y perfecto (Romanos 12:1-2).

¡Jesús me quería! ¡Él quería una relación conmigo! ¡Él quería que le diera mi vida y que Le dejara guiarme—ese es el significado de la vida! Cuando entregas tu vida a Jesús y dices, estoy aquí para ti y solo para ti, ese es el primer paso. Es ser un sacrificio vivo, o, en otras palabras, hacer las cosas que Él haría, poner a los demás en primer lugar, amar a todos, y vivir como ejemplo. Es comprometerse a seguirlo. Se trata de vivir tu vida como una paradoja; Me estoy muriendo a mí mismo, a mis pensamientos y deseos egoístas para poder vivir, poniendo a los demás y a Dios primero. Mi esperanza es que el estudio de este pasaje consuma tu corazón, mente y acciones como lo hizo conmigo.

"Y decía a todos: 'Si alguno quiere venir en pos de mí, niéguese a sí mismo, tome su cruz cada día y sígame'" (Lucas 9:23). Puedes creer en Jesús, pero eso no significa que sigas a Jesús. El pasaje dice, para seguir a Jesús, debes negarte a ti mismo, tomar tu cruz y vivir para Jesús. Nunca me había entregado; Nunca había dejado apartar mi vida. Oré a Dios y le rogué que me perdonara por alejarme de Él, y como el hijo pródigo en Lucas 15, Jesús me volvió a acoger.

Este versículo ha consumido mi vida, ha respirado vida nueva en mí y se ha convertido en mi misión de vida. Puedes pensar que es demasiado tarde para ti. Puedes pensar que Dios no te quiere como eres. Pero si Dios puede usar a un pecador como yo, puede usar a un pecador como tú. Mi visión de la vida ha cambiado; Vivo para Cristo, no para las pasiones, el deseo y la aprobación del mundo. El Señor ha bendecido mi vida con una esposa amorosa, tres hijos y una familia en la iglesia…pero sobre todo tengo propósito, dirección y sentido. Jesús me quiere. "Venid a mí, todos los que estáis cansados y cargados, y yo os haré descansar" (Mateo 11:28).

Jesús te quiere tal como eres. Como dice 2 Corintios 12:9 Su gracia se perfecciona en la debilidad; por eso comparto mi debilidad, mis historias y mi pasión por este verso que cambió mi forma de ver la vida. Espero que esto sirva como un desafío para que todos los creyentes crezcan en su relación con Jesús y caminen como Sus seguidores.

INDEX

1: Como Puedo Ser Un Sacrificio Viviente — 1

2: Una Palabra Cargada — 13

3: Un Momento Ante El Rey — 21

4: ¡Sí! ¿Cómo No? — 29

5: Culto — 41

6: Se un Salmón — 49

7: Histogenésis — 61

8: Permanece en Su Voluntad — 73

9: Haciendo La Voluntad De Dios — 89

10: La Decisión — 101

Capitulo Uno

COMO PUEDO SER UN SACRIFICIO VIVIENTE

Por consiguiente, hermanos, os ruego por las misericordias de Dios que presentéis vuestros cuerpos *como* sacrificio vivo y santo, aceptable a Dios, *que es* vuestro culto racional. Y no os adaptéis a este mundo, sino transformaos mediante la renovación de vuestra mente, para que verifiquéis cuál es la voluntad de Dios: lo que es bueno, aceptable y perfecto (Romanas 12:1-2).

¿Estás en una etapa de tu vida donde deseas un crecimiento espiritual al siguiente nivel? El problema para muchos creyentes es que ese deseo no se convierte en una acción. ¡A pesar del deseo de profundizar, sigue gateando alejándose del altar! Entiéndase, ese es el problema de sacrificios viventes, tienen que escoger entre sacrificarse o no.

Tarde o temprano cada creyente necesita tomar la decisión por si solo. Cada uno tiene que contestar preguntas esenciales; ¿añoro crecer mi relación con Cristo? ¿O estaré dispuesto a no desarrollar esa relación a tal grado que con el tiempo deja de existir y muere? El apóstol Pedro nos da una ilustración de como profundizar nuestra fe, al escribir "desead como niños recién nacidos, la leche pura de la palabra, para que por ella crezcáis para salvación, si *es que* habéis probado la benignidad del Señor" (1 Pedro 2:2-3).

La palabra de Dios es para un nuevo creyente como la leche para un recién nacido; porque alimenta para un crecimiento y desarrollo saludable. Igual a un bebito nosotros tomamos leche como nutrición. Pero si hubiésemos continuado sólo con la leche no hubiésemos prosperado. Esa limitada alimentación hubiera truncado nuestro crecimiento físico y disminuido nuestro desarrollo mental; una dieta sólo de leche es inadecuada para nutrir el desarrollo de un niño.

En forma similar, "la leche pura de la palabra" es esencial para un nuevo creyente pero es insuficiente para crecer en madurez espiritual. Al igual que bebitos, también nosotros, como creyentes madurando, debemos dejar atrás la leche pura de la palabra y hacer una transición al alimento solido de la palabra de Dios a medida que maduramos en la fe y crecemos en la relación con el Cristo.

¿Por qué es tan importante dar el siguiente paso en tu fe? El apóstol Pablo describe el proceso de maduración de nuestra fe, "Cuando yo era niño, hablaba como niño, pensaba como niño, razonaba como niño; cuando llegué a ser hombre, dejé las cosas de niño" (1 Corintios 13:11).

Un aspecto importante de crecimiento espiritual es el aprender a discernir e incrementar en sabiduría. Este es un proceso no disimilar a la transformación de una oruga a mariposa. La oruga pasa toda una vida comiendo y mudando su cuerpo externo creando espacio para el alimento que consume. El propósito de cada creyente es desarrollar su crecimiento espiritual para que lo transforme en una mariposa. Igual que la oruga, el creyente en su proceso de maduración tiene la meta de "mudar" su forma terrenal de pensar para transformarse y se convierta semejante al Cristo. Como niños tenemos un solo pensamiento—nosotros; el mundo existe sólo para nosotros y nuestras necesidades. Lo que nos concierne, yo quiero comida, yo quiero atención, y el enfoque es mi persona. ¡yo quiero! ¡yo quiero! ¡yo quiero! ¡Yo! ¡Yo! ¡Yo!

Ahora bien, a medida que crecemos en el Señor, nuestro razonamiento cambia de una forma auto central, egoísta, cuando el enfoque es dirigido a otros, y esto se hace evidente porque buscamos incrementar mayor impacto en el nombre del Cristo. El cristiano necesita dirigir su pensamiento más allá de si mismo y un círculo inmediato. Pablo escribe "como niño yo razonaba como un niño," pero si somos cristianos maduros debemos echar a un lado las cosas infantiles para poder discernir una vista más amplia de la realidad.

¿Qué es una vista más amplia de la realidad? Lo cierto es que la vista más amplia de la realidad es que somos parte del cuerpo del Cristo. Esta realidad obliga a estar paz en conjunto, amándonos los unos a los otros, laborando juntos para Su gloria. Si actuamos alentándonos y amándonos los unos a los otros, entonces abandonaremos ambiciones egoístas en nuestra misión y alcanzaremos a otros en el nombre del Cristo. Cristianos maduros quieren saber como ayudar y como hallar a los necesitados del Cristo. Cuando observamos una realidad más amplia reconocemos que Dios es el centro de nuestras vidas y la relación con el Cristo es primordial. La vista ampliada también implica que enfocamos al mundo a través de los ojos de Dios.

Pedro escribe en 2 Pedro 3:9, "El Señor no se tarda *en cumplir* su promesa, según algunos entienden la tardanza, sino que es paciente para con vosotros, no queriendo que nadie perezca, sino que todos vengan al arrepentimiento." Dios desea que nadie perezca; madurez es abrir los ojos teniendo al Cristo en el corazón para la salvación de otros. ¿Cómo es que empezamos a madurar? Primero, desecha la "leche de principiante" y dedícate al alimento solido que requiere involucrarte en el trabajo de masticar.

Ser un sacrificio viviente significa aprender a rendirle gracias al Señor por su merced cuando haces y das a otros. También significa involucrarte como un capullo en transformación, lo cual sólo puede suceder a través de la renovación de la mente en la lectura y enseñanza de la palabra de Dios para entonces aplicarla. La transformación valoriza el esfuerzo, al igual que la contienda que Pablo explica cuando escribe: "Pelea la buena batalla de la fe; echa mano de la vida eterna a la cual fuiste llamado, y de la que hiciste buena profesión en presencia de muchos testigos" (1 Timoteo 6:12).

Uno de los temas más importantes es cuando el creyente no pelea la buena batalla. La palabra griega *kalon* se asemeja a la palabra colonia, un perfume fragante que un hombre usa. Es posible pelear por algo de valor intrínseco, un derecho, o por una virtud, se puede pelear por algo que tiene un perfume fragante al olfato, sabor o vista. *Kalon* identifica el "bien" mientras que en el griego la palabra *agonizou* se usa en el texto original para describir la pelea en sí. La palabra "pelea" es el origen en el inglés de la palabra agonizar. Esto crea la diferencia entre el propósito de la pelea y hasta que punto hay que pelear. Podemos enfrascarnos por lo tiene valor eterno, lo que impacta al Reino, o podemos vernos en batalla con los asuntos del día o de esta vida.

Es fácil enfrascarse en una bronca por un estacionamiento, o de quien es el turno de lavar los platos, pero nada de eso es kalon o pelea que como cristianos estamos llamados a involucrarnos. Además, si decidimos participar en la batalla, ¿hasta qué punto participaremos? ¿Estamos agonizantes en la pelea? La vida cristiana es una batalla en la cual vale la pena enfrascarse. En Efesios 6:12 Pablo clarifica que no peleamos con enemigos humanos, peleamos contra el poder de satanás, y lo hacemos para alcanzar a otros con el poder del Cristo para el Cristo.

En el capítulo siete de Romanos Pablo examina nuestra pugna entre el deseo de estar en la batalla que Dios considera imprescindible, y el deseo muy humano de hacer lo que nos gusta. Pero esto no es la única pugna que confrontamos como creyentes. En Juan 17 y Romanos 12 ambos presentan la pugna humana contra el mundo y lo mundano, que es el deseo de incluir y conformar, donde la influencia del diablo y nuestra identidad en Cristo se acoplan en harmonía. Estamos en la batalla, pero Pablo dice que la que cuenta es la buena pelea; la que es contra nuestras almas, aquella contra nuestro desarrollo espiritual, aquella que es contra los que no tienen voz y los impotentes, esa es la pelea por la gloria de Jesús. Como creyentes se nos llama a esta buena pelea. Pablo hace ver a lo que se refiere, hacer el bien que edifica nuestra fe. Hay que pelear en pugna agobiante, profunda, zozobrante.

A veces agonizamos por cosas que, si es que tienen valor, sólo tienen significado por un corto tiempo. Agobiamos por largas horas en el trabajo para lograr el deseo de una casa más grande, mejor coche, o estar en un grupo social más deseable. Muchos agonizan por lucir como los que le rodean y lograr un sentido de aceptación. Todos estos no ameritan agonizarse cuando el único resultado es que debilita nuestra identidad con el Cristo.

Ahora bien, si agonizamos por lo que es mas importante, si pugnamos por un impacto para el Señor, si nuestro enfoque es celestial viviendo la palabra de Dios, entonces nuestro enfoque será en Dios y otros. Esta agonía no será malgastada y nuestra pugna no será en vano por que no luchamos por algo que se desvanece. Cuando un creyente se involucra en la pugna cristiana en esta forma, podrá reclamar victoria como descrita en 2 Timoteo 4:7-8, "He peleado la buena batalla, he terminado la carrera, he guardado la fe. En el futuro me está reservada la corona de justicia que el Señor, el Juez justo, me entregará en aquel día; y no sólo a mí, sino también a todos los que aman su advenimiento."

Así no es cuando buscamos el favor del hombre. Recuerdo muy bien cuando un colega y amigo fue nombrado empleado del mes. Como colegas todos celebramos con él porque no sólo recibió un certificado y su foto en la pared, sino también una tarjeta de $10 y aumento de un dólar a $6.50 la hora. Todos estábamos alegres por él, pero la alegría no duró mucho, porque dos semanas después lo desemplearon. Sucedió que mientras todos anhelábamos el galardón de empleado del mes, desde ese momento a nadie le interesaba.

El hecho es que este tipo de recompensa pronto se desvanece. Es inevitable perder valor ante el hombre, el lustro de un galardón desaparece, y el valor que le otorgábamos pronto se olvida. Pero con el Señor las buenas obras de un creyente son recompensadas con un premio imperecedero. Pablo así lo identifica en 1 Corintios 9:25 comparando como las recompensas del mundo perecen y son pronto borradas, pero la corona imperecedera es para todos por toda la eternidad. En el griego original, *phtharton* (φθαρτὸν), significa "deteriorarse" o "desmenuzarse," y esa es la recompensa a esperar del mundo. La recompensa de vivir la vida para uno mismo y por la carne se paga con una moneda que desaparece y pronto es olvidada.

La recompensa de Dios es imperecedera, *aphtharton* (ἄφθαρτον), que significa las buenas obras de un creyente serán recompensadas con una "corona superior" que no se puede perder o ser erradicada; nunca decaerá o desvanecerá. En otras palabras, cuando tu vida es vivida para el Señor nunca será olvidado. Cuando actúas para el Señor nunca es sin razón. Cuando hablas por el Señor tus palabras nunca son vanas. Esto es verdad porque *Él* es el Único que sabe todas las cosas, las verdades enunciadas, las victorias reconocidas, y las recompensas eternas.

Es triste que en estos momentos muchos cristianos vivan con un enfoque equivocado, viviendo su vida cristiana como que este mundo es todo lo que hay y esta vida temporaria todo lo que tiene valor. Pablo advierte que esto es como boxear con tu sombra; luce bien por un tiempo, pero pronto todos se dan cuenta que no quieres participar en la pelea verdadera. Es como correr sin idea en cual dirección. Puedes que llegues a un lugar, pero ¿dónde es y a qué costo? Si vivimos para nosotros lo único que logramos es boxear con nuestra sombra. Nuestras vidas se convierten en un correr interminable sin un mapa de guía o fin.

Jesucristo nos da clara dirección diciendo, "Id, pues, y haced discípulos de todas las naciones, bautizándolos en el nombre del Padre y del Hijo y del Espíritu Santo" Mateo 28:19. La competencia a involucrarnos es llevar al mundo las buenas nuevas del evangelio así como discipular a todo creyente.

Pablo nos hace recordar que debemos competir enfocando el ganar (1 Corintios 9:24). Que debemos estar preparados en nuestro adiestramiento para permanecer concentrados y en control; nuestra recompensa en Cristo nos espera. Pablo así lo entiende porque él batalló en esta forma. Él lo comenta, "He peleado la buena batalla, he terminado la carrera, he guardado la fe. En el futuro me está reservada la corona de justicia que el Señor, el Juez justo, me entregará en aquel día; y no sólo a mí, sino también a todos los que aman su venida" 2 Timoteo 4:7-8.

Pablo identifica que sabía la diferencia entre batallar la buena pelea y la equivocada. A sabiendas de pronta muerte, Pablo se despide de Timoteo. Le hace saber que no tiene pesar de como usó su tiempo batallando la buena pelea. Él va más allá y alienta a Timoteo (y al mismo tiempo a nosotros como creyentes) a pelear las buenas batallas y no malgastar el tiempo en las incorrectas. En 2 Timoteo 2:14-26 Pablo explica con esmero el papel del creyente como trabajador diligente, conducto del Señor, quien labora como esclavo voluntario bajo el mando total de su maestro (Jesucristo).

Él no quiere que deambulemos nuestros días en las batallas incorrectas encarándonos con alguien que amamos sobre una cuchara sucia, o el color de la pintura a usar en una pared. Nos advierte a todos que nos comportemos como él; vayamos en batalla por el reino del Rey esperando nuestra corona cuando aclamemos Su advenimiento. Para aquellos que laboran de este lado de la eternidad, que mantengan un enfoque celestial mientras aquí en la tierra, y nuestra recompensa será una corona otorgada personalmente por Jesucristo. Los creyentes que batallan la buena contienda, quienes corren para ganar, esperan la corona. ¿Por cuál batalla laboras?

La batalla que se valoriza está definida varias veces en las escrituras, incluyendo 2 Timoteo 2 donde Pablo define lo que es bueno, lo que es malo, lo que es fantástico de magnífico, y lo que es inútil. Él nos da guía al delinear que debemos hacer una cosa y no otra. Ahora bien, es Jesucristo quien nos da la dirección primaria, al decirnos como vivir, tomar decisiones, y combatir batallas. Afirma El así "Vosotros sois la sal de la tierra; pero si la sal se ha vuelto insípida, ¿con qué se hará salada *otra vez?* Ya para nada sirve, sino para ser echada fuera y pisoteada por hombres. Vosotros sois la luz del mundo. Una ciudad situada sobre un monte no se puede ocultar; ni se enciende una lámpara y se pone debajo de un almud, sino sobre el candelero, y alumbra a todos los que están en la casa. Así brille vuestra luz delante de los hombres, para que vean vuestras buenas acciones y glorifiquen a vuestro Padre que está en los cielos" (Mateo 5:13-16). Al comparar al creyente con la sal de la tierra, Jesús aconseja que aunque somos escogidos para diseminar las buenas nuevas de su evangelio, "...si la sal se ha vuelto insípida, ¿cómo se salará de nuevo? Ya para nada sirve, sino para ser echada fuera y pisoteada por los hombres." Con el mismo deseo de salvaguardar a los creyentes de convertirse en "insípidos", Pablo nos dirige a hacer lo que hagamos sólo por la gloria del Señor (Colosenses 3:23).

Una forma de los creyentes meditar en esto es el considerar que si estuviésemos avergonzados ante Jesús al Él ver lo que hacíamos, oiría lo que decíamos, y supiera nuestras intenciones, entonces no es correcto y puede que no sea para la gloria de Dios. ¡Todo lo que hacemos es para la gloria de Dios! Todo lo que hacemos en este mundo es para asemejarnos más a Él (Romanos 8:29), y esto sólo es posible si continuamos madurando en nuestra caminata.

"Por consiguiente, hermanos, os ruego por las misericordias de Dios que presentéis vuestros cuerpos como sacrificio vivo y santo, aceptable a Dios, que es vuestro culto racional. Y no os adaptéis a este mundo, sino transformaos mediante la renovación de vuestra mente, para que verifiquéis cuál es la voluntad de Dios: lo que es bueno, aceptable y perfecto" (Romanos 12:1-

2). El primer paso en la jornada de cualquier creyente es el ofrecer su vida a Jesús y voluntariamente anunciarle a Él, "¡necesito de un Salvador, y de ahora en adelante vivo para ti y sólo para ti!" Un nuevo creyente tiene que decidir si en realidad va a ser un sacrificio viviente. Esto significa vivir un 100% para Jesús; e implica hacer las cosas que Él haría. Los creyentes se esmeran por darles preferencia a otras personas antes que a si mismos, lográndolo amando al prójimo, sea "merecedor" o no, sin importar la situación o circunstancias, como ejemplo viviente del amor y perdón del Cristo.

Ser un sacrificio viviente significa que no debemos asemejarnos a los demás o añorar la aceptación de otros. Significa que en vez de buscar el camino fácil de conformarse con el mundo los creyentes aceptan el llamado de Dios de vivir para Jesús. En la práctica, conlleva el crear un compromiso de seguir a Jesús en todo ámbito, y responder a la directiva de Jesús "...toma tu cruz cada día y sígame" (Lucas 9:23).

Puede que alguien *crea* en Jesús, pero eso no necesariamente implica *seguir* a Jesús; hasta los demonios *creen* (Santiago 2:19). Como Jesús declara, para seguirle a Él tenemos que negarnos a nosotros mismos, y cada uno debe tomar su cruz y sólo vivir para el Cristo. Esto no es un pronunciamiento solitario sino una pugna diaria. Es un compromiso a renovar una y otra vez.

Como creyentes se nos llama a vivir para Jesús. Se nos llama a tomar control de nuestros pensamientos y acciones, y permitirle a Dios a transformamos a un alguien sagrado. Dios puede transformar y hacer de un adefesio alguien bello.

Sin duda, uno de los insectos más feos es la oruga. No es más que un gusanito gordo con paticas. Así y todo, en el plan de Dios, ese gusano con 12 ojos es completamente transformado a una mariposa colorida y bella. Dios no desea que nos quedemos como somos; Él quiere cambiar nuestras vidas para su gloria. Cuando nosotros no sólo creemos sino en realidad deseamos seguir a Jesús, seremos transformados a un bello sacrificio viviente. Tenemos que escoger como vamos a vivir.

Como Pedro nos urge, "Por tanto, ceñid vuestro entendimiento para la acción; sed sobrios en espíritu, poned vuestra esperanza completamente en la gracia que se os traerá en la revelación de Jesucristo. Como hijos obedientes, no os conforméis a los deseos que antes teníais en vuestra ignorancia, sino que así como aquel que os llamó es santo, así también sed vosotros santos en toda vuestra manera de vivir" (1 Pedro 1:13-15). ¿Crees que esto aparenta un logro difícil? ¡Es difícil darle la espalda al buscar lo que nos conviene, ser auto centristas, y testarudos! Pero, si queremos crecer, tenemos que hacer el trabajo más difícil, y el Cristo ayudará. ¿Estás dispuesto a pedirle a Él su asistencia?

En 2 Corintios Pablo escribe, "De modo que si alguno está en Cristo, nueva criatura es; las cosas viejas pasaron; he aquí, son hechas nuevas (5:17)." Este libro está diseñado para ayudar creyentes a crecer en Cristo despojándose de lo viejo y vivir como una nueva creación. ¿Estás dispuesto a enfocar tu mente, tu vida, y acción a una íntima relación con Jesús? La jornada comienza, sigue buscando y profundizando en Romanos 12:1-2 para que comprendas mejor lo que implica entregar tu cuerpo, mente y voluntad para ser transformado en Cristo.

12 Rompa el Molde

Capítulo Dos

UNA PALABRA CARGADA

Por consiguiente, hermanos, os ruego
por las misericordias de Dios...
(Romanos 12:1)

Mucha gente tiene la habilidad de halar las cuerdas de nuestro corazón, o al menos las de nuestras obligaciones. Frecuentemente lo vemos venir acompañado de palabras cargadas como, "si no es mucho problema", "si no te importa", o alguna otra frase cargada de emoción y obligación. No es inusual que una madre haga este tipo de petición a su hijo adulto recordándole la historia de su embarazo lleno de acidez estomacal y el parto de once horas que condujo al nacimiento de un recién nacido que pesaba más de diez libras. Todos hemos experimentado este tipo de pregunta, y la realidad es que muy posiblemente nosotros mismos la hagamos hecho.

No hace mucho tiempo utilicé este tipo de preguntas con una de las profesoras de nuestra escuela (unos de los ministerios de la iglesia donde trabajo). Ella posee un gran talento para decorar los tableros de anuncios en la escuela y la iglesia y quería pedirle que una vez más me prestara su talento para un proyecto. Entonces, toqué la puerta del aula donde ella enseña y le pregunté: "¿Cuánto me quiere, señora? Porque yo te quiero mucho". Por supuesto que se echó a reír y me preguntó qué le quería pedir. Ella sabe que yo sé muy bien cuanto le gusta cuando intento hablar español, por lo que esta estrategia me ha funcionado muchas veces. Aunque no siempre es tan obvio (o intencional), la gente juega todo el tiempo la carta de *¿cuánto me amas?*

¿Alguna vez ha estado en una conversación larga, quizás inconveniente, que parecía estar (finalmente) terminando cuando de repente te dicen?: "Antes de que te vaya, la razón por la que te llamé es. ..." O quizás hayas estado en una reunión con el jefe que terminó una larga lista de tareas pendientes solo para agregar, "solo una cosa más". Todas estas son palabras cargadas que contienen inherentemente todas las razones por las que debemos seguir adelante con lo que sea que esa persona esté pidiendo.

Estas palabras cargadas pueden ser estresantes o incluso aterradoras. Ya sea que provengan de un padre, hermano, hijo, amigo, vecino, compañero de trabajo, jefe, u otra persona, puede ser intimidante enfrentar estas preguntas cargadas de emociones que llevan consigo la obligación personal del amor, la responsabilidad o la gratitud. Aun así, estas palabras cargadas son tan familiares que automáticamente nos llaman la atención.

En el libro de Romanos, Pablo usa "por tanto" de esta manera, infundiendo amor, responsabilidad y gratitud en su llamado a actuar. De hecho, lo usa ocho veces para llamar a los creyentes a actuar de acuerdo con lo que ha escrito. En el idioma original del Nuevo Testamento, *oun* (οὖν) o "por tanto" es un medio de conectar los puntos entre el discurso y la acción resultante. Pablo lo usó para indicar que habiendo escuchado todo esto, esto es lo que deben hacer. Es una forma de unir las dos partes. Dije que tenía hambre; por tanto, debería buscar comida. Este ejemplo es una simplificación excesiva, por supuesto, porque Pablo no nos está llamando a algo tan simple como una comida. Está indicando que las acciones a las que nos exhorta son respuestas naturales a la verdad que ha expuesto en el texto.

En Romanos 12:1, por ejemplo, Pablo usa la palabra "por tanto" como una incitación a la acción. No está basando esto en su propia autoridad apostólica o en su papel como plantador de iglesias, ni está manipulando a los creyentes desde la posición de un mentor espiritual. Él simplemente nos está llamando a cambiar, a ponernos en forma, a encaminarnos, basado en los primeros once capítulos de esta carta a los Romanos al igual que basado en el conocimiento que ya tenemos de Cristo y nuestro entendimiento de Dios.

En otras palabras, el llamado a la acción proviene de lo que Pablo ya había señalado en Romanos:

- Las buenas nuevas de Cristo pueden salvar, cambiar y convencer a las personas (1:16-18).
- Dios usa la naturaleza para revelar su existencia (1:19-20).
- La condena aguarda a los que rechazan a Dios (2).
- Nosotros y todo el mundo estamos cubiertos de pecado y merecemos ser condenados (3:9-20).
- Jesús nos justifica (3:24) como pago por el pecado (3:25).

¡Esto es cambiar la eternidad! Reflexiona por un momento en las palabras de Paul, "Por tanto, hermanos, os ruego por las misericordias de Dios" (12:1a énfasis agregado). A través de nuestra fe, se otorga la salvación. El pecado nos hace injustos, pero debido a que Él aplica Su justicia en nosotros, ya no tenemos que elegir el pecado (12:4-6). "Por tanto, ahora no hay condenación para los que están en Cristo Jesús" (8:1). Considera también el patrón de rechazo y arrepentimiento de Israel cuya respuesta fue el amor y la paciencia de Dios demostraba una y otra vez (caps. 9-11). Debido a que no hay condenación (8:1), nunca podemos estar separados del amor de Dios, incluso a través del pecado, la culpa, los demonios, el mundo, la carne, o incluso la muerte (8:26-39).

De la misma forma que usamos palabras cargadas para impartir el amor, la responsabilidad, y/o la gratitud que precede a nuestra petición, Pablo usa "por tanto" para llevar el peso y el significado de todo lo que es nuestro en la fe. Por eso la exhortación de Pablo debería inspirarnos a actuar. Su exhortación va más allá de la presión de mamá, es más encantadora que mis intentos de hablar español, más fuerte que el sentido de culpabilidad impartido por abuela y más grande que Paul. Es Dios, y es todo lo que Él es, hace, y ha planeado. Como si Dios mismo estuviera diciendo, por Mí, por Quién soy y por lo que He hecho, quiero ver esta transformación en tu vida.

Pablo realza la palabra cargada "por tanto" agregando "te ruego". La palabra griega *parakaleō* (παρακαλέω), que significa "suplicar, rogar, implorar, alentar", proviene de *para* que significa "al lado" y *kaleō* "llamar". Era utilizada en procedimientos legales cuando el tribunal llamaba a un testigo para dar cuenta de algo. Pablo está pidiendo que se dé cuenta (un testimonio) de todo lo que Jesús ha hecho por nosotros.

La selección de palabras de Pablo promueve el componente emocional de su súplica para que los creyentes actúen de acuerdo con lo que sabemos de Cristo. En nombre del Salvador y Sus misericordias, Pablo nos ruega que nos tomemos un momento para pensar y luego actuar. Pablo expone todo lo que Dios ha hecho por nosotros y pide una respuesta.

Nuestra respuesta se basa en lo que pensamos sobre la bondad, la gracia, el amor y la misericordia de Dios. Se basa en cómo vemos el testimonio de Pablo presentado desde el capítulo uno al once de Romanos. De hecho, Pablo dice, "por las misericordias de Dios" (12:1), y no olvidemos que, por definición, recibir misericordia *no* es obtener lo que realmente merecemos.

Es posible que, si fuera opción nuestra, muchos sentiríamos que merecemos grandeza y fama, pero a la luz del capítulo uno al once de Romanos, quedamos reflexionando sobre la declaración de David en el Salmo 8: 4, "¿Qué es el hombre para que de él te acuerdes, y el hijo del hombre para que lo cuides?" Tenemos que preguntarle a Dios; ¿Por qué te preocupas tanto por mí cuando he hecho tan poco por Ti, y nunca podría merecer tu amor, bondad, gracia, misericordia, o afecto?

Es Su misericordia. Este es el gorila de 700 libras en la habitación que no se puede ignorar. Dios nos da gratuitamente lo que no merecemos. Su misericordia nos convierte a cada uno de nosotros en familia y herederos de Su trono. Pablo nos recuerda sutilmente incluso esto, llamándonos hermanos. Hay tanto castigo que merecemos, pero no recibimos (misericordia), y todo es solo por Jesús. La misericordia salva.

> Mademoiselle Lajolais se acercó una vez a Napoleón en busca de perdón para su padre. El emperador respondió que el hombre había cometido el mismo crimen contra el Estado dos veces y la justicia recomendó la muerte. "Pero yo no pido justicia", explicó la hija, "suplico misericordia". "Pero su padre no se merece nada".

Napoleón replicó. "Señor", gritó la mujer, "no sería misericordia si se lo mereciera, y misericordia es todo lo que pido". "Bueno, entonces", dijo el emperador, "Tendré misericordia". Y perdonó al padre de la mujer.[1]

La misericordia de Dios es nuestra. Él nos ha perdonado divinamente por Su gracia. Él nos ha colmado de un amor tan profundo y duradero que puso a Su Hijo en la cruz. Él continuamente demuestra Su misericordia ya que no nos da el castigo, la segregación y las consecuencias que nuestro pecado merece. Hermanos y hermanas, por todo lo que Jesús ha hecho por nosotros es que Pablo nos pide que demos algo a cambio y por eso usa las palabras cargadas de "por tanto" y "les ruego".

Pero Pablo no nos deja confundidos sobre lo que debemos hacer. No nos deja elegir nuestra ofrenda. No deja abierto a la interpretación de cómo debemos responder. Él nos da instrucciones sobre cómo devolverle a Dios por ser un Dios tan maravilloso, y sé por qué lo hace. Porque, si lo dejamos a nuestro criterio, nos elegimos a nosotros mismos.

Recuerdo que a principio de la década de los 1990, mi hermano de quince años economizó el dinero de empacar comestibles en Winn-Dixie para comprar los regalos de Navidad de toda la familia. Este fue un gesto muy noble de su parte. Recuerdo haber ido con él al centro comercial a escoger algunos regalos. Pero luego de ir de tienda en tienda, conseguirle a nuestra mamá un cinturón de cuentas y a cada una de nuestras cuatro hermanas algo de Bath and Body Works, tiene que haberse dado cuenta de que se estaba quedando sin dinero,

---

[1] http://www.napoleon-series.org/research/napoleon/PopularHistory/Book4/c_popularbook4chapter1.html.

porque cuando llegó el momento de escoger el regalo para papá, no le compró los pantalones cortos de jeans Levi que mi papá había usado todos los días desde que mi hermano y yo nacimos. En cambio, entró a Pacific Sunware, una tienda de surf y patinetas para adolescentes de la Generación X. Le compró a "mi papá" el par de pantalones cortos más grandes y holgados que pudo encontrar. El día de Navidad, cuando mi papá abrió el regalo, mi hermano le dijo: "bueno, si no te gusta, puedo quedarme con ellos y comprarte algo más."

Yo me elijo; no es poco común. La mayoría de nosotros, dejados a nuestras propias decisiones, elegiremos lo que me duela menos, lo que sea de menor esfuerzo para mí, lo que sea menos arriesgado para mí, lo que me haga sentir bien, etc. Reconociendo esto y sabiendo la verdadera naturaleza del egoísmo del hombre, Pablo nos da solo una opción; nos señala en una sola dirección.

Capitulo Tres

UN MOMENTO ANTE EL REY

...que presentéis vuestros cuerpos... (Romano 12:1)

"¡Si hubiera sabido que vendrías, me habría cepillado los dientes y me habría duchado esta semana!" Mi papá es famoso por estas palabras cuando la gente viene de visita. Pero en realidad, mi papá es obsesivo cuando se trata de la limpieza personal. De niño, cuando mi papá llegaba a casa del trabajo, le preocupaba que su ropa de trabajo nos ensuciara, así que nos besaba en la cabeza y se iba a duchar. Era solo después de que se duchara que pudimos abrazarlo. En su presencia, es mejor que tengas las uñas limpias y recortadas, las orejas limpias y que huelas a jabón irlandés, o escucharías su regaño.

Mi mamá tiene una obsesión similar por mantener la casa limpia. Para ella, la casa no está limpia a menos que puedas oler el blanqueador. Mueve los muebles, quita el polvo, friega y pule todo. Que mi mamá y mi papá tengan obsesiones con la limpieza es tanto irónico como desafiante con veintidós nietos y tres bisnietos. Tenemos muchas historias de limpieza que no salieron muy bien.

Cuando tenía nueve años, mi hermana mayor Ivette les dio a mis padres su primera nieta y mi sobrina muy querida, Ariel En esos días, todos los viernes había noche de espagueti en nuestra casa, y mi hermana y su esposo nos acompañaban casi todos los viernes. Un viernes en particular, mis padres iban a ser anfitriones de un estudio bíblico de nuestra iglesia, por lo que la casa estaba muy limpia.

Recuerdo que Ariel estaba cautivada con nuestros platos de espaguetis mientras comía su compota para bebés. Eventualmente, Yvette preparó un tazón pequeño de pasta para Ariel, ¡y estaba encantada! Le gustó tanto que decidió ponérsela, jugar con ella, tirarla y untársela a todo lo que estaba a su alcance. En cuestión de minutos estaba cubierta de salsa, fideos y queso parmesano, al igual que todo lo que la rodeaba.

Esto podría haber sido menos impactante si mis padres no estuvieran a solo unas horas del estudio bíblico en casa y de la llegada de todos sus invitados. Mi mamá y mi papá entraron en acción mientras el resto de nosotros repetíamos expresiones de júbilo por la ternura de la primera cena de espaguetis de Ariel. Mi papá corrió hacia la bañera cargando a Ariel estirada frente a él hasta donde le alcanzaban los brazos. Mientras tanto, mi mamá agarró sus artículos de limpieza y, efectivamente, en cuestión de minutos, fue como si toda la escena nunca hubiera sucedido.

Más tarde, mi mamá y mi papá admitieron la magnitud de su pánico. Sin embargo, esa noche mientras estábamos sentados leyendo "A través de la Biblia" con J. Vernon McGee y cantando himnos, nadie hubiera imaginado el estrago que mi sobrina había infligido con un plato de espagueti o el pánico que provocó en sus abuelos. Lo que vieron las personas que asistieron esa noche fue que la casa estaba presentable, limpia y ordenada con todo (y todos) en su lugar.

De eso se trata la presentación: lucir lo mejor posible, tener las cosas limpias y ordenadas. Este tipo de presentación, la mejor primera impresión, es la clave del buen mercadeo, el éxito comercial e incluso los éxitos de taquilla de Hollywood. Después de todo, es el avance de la película o del programa de televisión lo que llama nuestra atención. Es la atracción lo que llama nuestra atención y la razón por la que volvemos por más.

En Romanos 12:1, Pablo nos hace pensar de la misma manera. ¿Hay algún momento en tu vida en el que puedas recordar haber dicho: "Jesús, mi vida es para ti"? Esto es lo que Pablo está diciendo; ten ese momento, entrégate a Jesús por lo que ha hecho por ti, por cada uno de nosotros. Si vamos a presentar nuestros cuerpos, estamos a punto de tener un momento significativo, por lo que debemos querer dar lo mejor de nosotros.

La palabra griega que se usa aquí es *parastésai*. Se usaba en el Antiguo Testamento cuando se presentaba un animal para el sacrificio, o cuando un sacerdote presentaba una ofrenda en el altar. Esta palabra proviene de dos palabras separadas, *para*, que significa "de" o "en presencia de", e *histémi*, que significa "estar de pie" o "colocarse uno mismo". Juntos, el significado es "exhibirse". Es una presentación literal, pero no de una cosa o una idea. En cambio, es una presentación de ti mismo como un acto de adoración.

Una presentación es un momento determinante en un instante específico, donde se lleva a cabo una exhibición. Para los creyentes, esta consecuente ofrenda de uno mismo en un momento de cambio de la eternidad es la entrega a Jesús, el reconocimiento de nuestra necesidad de un Salvador. Cada uno de nosotros como creyentes tiene ese momento en nuestra vida cuando decimos, "Jesús, mi vida es para ti" y donde nos presentamos a Cristo nuestro Salvador.

De esto está hablando Pablo, de ese momento en que por todo lo que Él ha hecho por nosotros nos entregamos a Jesús, y no sólo a Jesús, sino *de vuelta a Jesús*. Es el momento que un creyente puede señalar y decir que es cuando puse mi vida a los pies del Rey, ni el oro ni la plata servirían, sino que presenté mi existencia, mi ser, lo único que podía ofrecer, mi vida para que Cristo la use.

Este es el momento en el que Pablo nos pide que entremos con nuestro Salvador; el momento de presentarnos al Rey. En películas, libros e incluso en los medios de comunicación, cuando las personas se presentan ante un rey, no llegan con las manos vacías. Siempre pensé que era extraño que la gente visitara a la realeza y trajera algún tipo de regalo como si dijera: "Sé que eres rico y poderoso, así que aquí hay un montón de monos, algo de caza salvaje y algunas joyas". ¿Por qué es eso? Lo lógico es que un rey ya tenga este tipo de cosas.

Tal vez sea porque cuando estamos ante la realeza, cuando estamos en presencia de la grandeza, cuando tenemos el honor de estar en presencia de alguien que inspira temor, nos vemos obligados a ofrecer lo que tenemos para dar. Cuando estamos ante el Rey de Reyes, decimos: "Lo que tengo es tuyo, y para probar mi lealtad, te ofrezco todo lo que tengo para darte".

En otras palabras, nuestra presentación ante el Señor es una prenda; es decir, lo que tenemos es de Él, lo que tenemos está dedicado a Él, y lo que somos está alineado con el Señor. ¿Ya tuviste ese momento? Ese momento en el que dices: "¡Está bien, Señor, ¡aquí estoy!" Incluso los sabios sabían que honrar a un rey en su presencia es venir con regalos, y así lo hicieron. Cuando estuvieron ante Jesús, ofrecieron oro, incienso y mirra. Pero ¿qué tenemos que ofrecer al Rey?

Los regalos de oro y plata están muy bien, pero sabemos que estos metales son material de piso en el cielo; las calles están pavimentadas con oro (Apocalipsis 21:21). ¡Dar a Jesús regalos de oro y plata sería como estar frente a la reina de Inglaterra sosteniendo un saco de asfalto! De pie en la presencia de nuestro Salvador, queremos dar algo de valor.

Considera por qué Jesús vino a la tierra en primer lugar. Fue a morir en una cruz para que no estuviéramos separados de Él por la eternidad, sino que nos reuniéramos con Él. Fue para restaurar la relación entre Dios y el hombre que estaba manchada por el pecado. Fue para traernos de vuelta a la comunión con Dios.

> Porque si la sangre de los machos cabríos y de los toros, y la ceniza de la becerra rociada sobre los que se han contaminado, santifican para la purificación de la carne, ¿cuánto más la sangre de Cristo, el cual por el Espíritu eterno se ofreció a sí mismo sin mancha a Dios, purificará vuestra conciencia de obras muertas para servir al Dios vivo? Y por eso Él es el mediador de un

nuevo pacto, a fin de que habiendo tenido lugar una muerte para la redención de las transgresiones que se cometieron bajo el primer pacto, los que han sido llamados reciban la promesa de la herencia eterna. Porque donde hay un testamento, necesario es que ocurra la muerte del testador (Hebreos 9:13-16).

Jesús se preocupa tanto por nosotros que estuvo dispuesto a pagar el alto precio de nuestra redención. El pago fue más precioso que cualquier otro; Cristo murió por nosotros. Él murió por ti, y Él murió por mí. Tómese esto en serio: el Rey de Reyes murió por nosotros porque, en Su opinión, somos lo más valioso de todas las cosas. Él murió por nosotros porque para Él valemos el precio. Entonces, cuando estemos ante nuestro Salvador, cuando estemos en Su presencia, debemos estar preparados para darnos a nosotros mismos, el único regalo de algún valor.

A través de Su pacto de gracia, somos comprados del pecado con el cuerpo de Jesucristo. "Mas Él fue herido por nuestras transgresiones, molido por nuestras iniquidades. El castigo, por nuestra paz, *cayó sobre Él*, y por sus heridas hemos sido sanados" (Isaías 53:5). Como creyentes, este es el momento de nuestra libertad, el momento en que nos convertimos en recipientes indignos de la gracia, la misericordia y el amor de Dios. Jesús se presentó al Padre como pago por nuestro pecado, como marca del nuevo pacto, el pacto sellado por Su sangre. Por eso, tú y yo tenemos la oportunidad de ofrecernos a Él, viviendo para Él en la verdad y amando a los demás en la acción.

Tú puedes estar pensando: ¿En serio? ¿Dios realmente me quiere? ¡La respuesta es sí! ¡Absolutamente! El hecho es que Dios te quiere enteramente. La palabra griega *sóma* (σῶμα) significa "cuerpo". Proviene de la raíz *sós* (σῶς), que significa "entero".² Él nos quiere a todos, a mí y a cada uno de nosotros, y estamos llamados a entregarnos a Él con todo en nosotros.

Marcos 12:28-30, conocido por los judíos como el Shemá, nos presenta las directivas del propio Jesús para nuestra relación con él: "Cuando uno de los escribas se acercó, los oyó discutir, y reconociendo que les había contestado bien, le preguntó: ¿Cuál mandamiento es el más importante de todos? Jesús respondió: El más importante es: «Escucha, Israel; el Señor nuestro Dios, el Señor uno es; y amarás al Señor tu Dios con todo tu corazón, y con toda tu alma, y con toda tu mente, y con toda tu fuerza»." Esta explicación de Jesús forma la directiva esencial para cada uno de nosotros en nuestra relación con Él; debemos amarlo con el corazón, la mente y el alma, agotando cada gramo de fuerza.

Cuando amamos al Señor con todas nuestras fuerzas, la segunda directriz que se nos da para crecer en nuestra relación con Jesús, amar a nuestro prójimo como a nosotros mismos (Marcos 12:31), parece una progresión natural. Pero ¿qué significa amar al Señor con el corazón, el alma, la mente y las fuerzas? Tal vez las palabras específicas que se hablan en las Escrituras puedan informarnos más.

- **Corazón**, en el griego original es kardias (καρδίας), el centro y vigor de la vida física.³
- **Alma**, en el griego original es psyches (ψυχῆς), aliento, sustentador de vida.⁴
- **Mente**, en el griego original es dianoias (διανοίας), pensamientos y entendimiento.⁵
- **Fuerza**, en el griego original es ischyos (ἰσχύος), habilidad, fuerza y poder.⁶

---

² Joseph Thayer, *Thayer's Greek-English Lexicon of the New Testament* (Peabody, MA: Hendrickson, 2007), 611.
³ Joseph Thayer. *Thayer's Greek-English Lexicon of the New Testament* (Peabody, MA: Hendrickson, 2007), 325.
⁴ Thayer, *Thayer's Greek-English Lexicon*, 677.
⁵ Thayer, *Thayer's Greek-English Lexicon*, 140.

Considerando estos significados, queda claro que estamos llamados a dejar que nuestro amor por el Señor supere todo lo que somos. Jesús está diciendo que esto es lo más importante que hay que hacer. Él está diciendo que nuestro amor por Él debe consumir nuestro ser (corazón), esencia (alma) y pensamientos (mente), y no solo esto, sino hacerlo con toda la capacidad y el poder que tengamos, sin reservar ni retener nada (fortaleza).

En otras palabras, el amor que tenemos por el Señor debe ser un amor que lo consuma todo. Este es el tipo de presentación de nosotros mismos que Jesús nos pide. Él está pidiendo que este amor que tenemos por Él nos alcance hasta el punto en que consuma cada aspecto de nosotros y nos haga decir: "Aquí estoy, Señor. Me presento como un sacrificio vivo consumido por tu gracia, misericordia y amor. Estoy abrumado y no tengo nada que ofrecerte excepto a mí mismo. Mi amor por ti, Dios, se ha apoderado de cada área de mi vida, mis acciones y pensamientos, mi propio ser. Señor, estoy tan enamorada de ti, y por todo lo que has hecho a Ti me ofrezco, presento todo de mí, mis pensamientos, mi vida, mis acciones, mi poder, mi fuerza, todo lo que soy ofrezco al Gran Yo Soy".

Amar a Dios es ofrecer tu cuerpo y permitirle tener el control de tu vida. Esto puede parecer contradictorio, pero luego de una revisión más detallada, tiene sentido que estos dos sean el centro del todo. Ellos forman la respuesta a la pregunta: En mi vida diaria, ¿cómo luce hacer lo que Jesús dirige?

---

[6] Thayer, *Thayer's Greek-English Lexicon*, 307-308.

Capítulo Cuatro

¡SÍ! ¿CÓMO NO?

...sacrificio vivo y santo, aceptable a Dios... (Romanos 12:1)

Crecí en Miami y me encanta Miami por su cultura y la forma de vida excéntrica que la gente adopta aquí. Realmente, esta ciudad es única en sí misma. Aunque es una simplificación excesiva, se podría decir que Miami es donde el Caribe se encuentra con América del Sur y el capitalismo, y podría decirse que solo tiene sentido en el contexto de Miami. Quizás un eslogan adecuado para Miami podría ser "¡Si! ¿Cómo no?" Curiosamente si fuéramos a traducir esta frase al inglés no transmitiría el significado completo que pretende quien la usa.

"¡Si! ¿Cómo no?" es una frase que generalmente es utilizada de manera muy casual. "¿Seguro Por qué no?" Sin embargo, si se expresa con suficiente énfasis, transmite una sensación de positivismo o incluso un mensaje que implica "totalmente, cuenta conmigo". Es una respuesta emotiva que expresa "¡Sí! ¡Estoy comprometido!" y que refleja muy bien a Miami.

Considera el clima en Miami. Diciembre puede significar invierno en otros lugares, pero en Miami preguntamos si alguien quiere ir a la playa y cuál es la respuesta de Miami. ¡Si! ¿Como no? ¡Sí, cuenta conmigo! Lo mismo es cierto para la vida nocturna. Mientras el resto de la Florida y gran parte de la nación se van a dormir en la noche, Miami pregunta si alguien quiere salir y divertirse, ¡Sí! ¿Como no? ¡Sí, cuenta conmigo!

En Romanos, Pablo está llamando emotivamente a los creyentes con la misma invitación. En respuesta a todo lo que Jesús ha hecho por nosotros, Pablo nos invita a entregarnos como sacrificio vivo, para decir: "¡Sí! ¡Estoy comprometido!" Como ir a la playa cuando se supone que es invierno, o salir de la casa para comenzar la noche cuando todos los demás se van a dormir, morir a uno mismo para poder vivir puede parecer contradictorio. Sin embargo, para los cristianos, morir a uno mismo para poder vivir tiene mucho sentido, y como creyentes nuestra respuesta entusiasta es: ¡Sí! ¡Estoy comprometido! Estamos emocionados de dárselo todo a Jesús por todo lo que ha hecho, porque nada en este mundo tiene más sentido que eso. Puede parecer contrario a la intuición en el pensamiento, pero tiene un sentido práctico completo para los creyentes.

Ahora, ¿cómo hacemos para ofrecernos como un sacrificio vivo? Pablo no nos está llamando literalmente a sacrificarnos físicamente en un altar ante Dios. En cambio, nos está llamando a poner todo lo que somos y todo lo que tenemos sujeto a Dios y a no vivir más para nosotros mismos y nuestros propios deseos egoístas. Esto va de la mano con amar a Dios con todo lo que somos, con todo nuestro ser, y con vivir para Él con todo lo que tenemos, pensamos y hacemos.

Como sacrificio vivo, ya no somos libres de actuar por impulsos carnales o deseos egoístas. En cambio, nuestros deseos y necesidades se han vuelto secundarios para Jesús. ¡Sí! ¡Estoy comprometido! ¡Si! ¿Como no? Lucas registra las propias palabras de Jesús sobre seguirlo, que son el fundamento de la invitación de Pablo: "Y decía a todos: 'Si alguno quiere venir en pos de mí, niéguese a sí mismo, tome su cruz cada día y sígame' " (Lucas 9:23).

¿Cuánto amas a Jesús? ¿Estás listo para dejar de arrastrarte del altar? ¿Lo amas con quién y qué eres, con todo tu ser? ¿Lo amas lo suficiente como para rechazarte a ti mismo? ¿Lo suficiente como para dejar de hacer lo que es natural? ¿Estás dispuesto a dejar de vivir en pecado? ¿Estás dispuesto a arriesgarte a ser rechazado por el mundo? ¿Estás comprometido a atender las necesidades de los demás por encima y antes que las tuyas? ¿Estás preparado para hablar por Cristo cuando en el fondo sientes que es más fácil o seguro permanecer en silencio? ¿Estás dispuesto a morir para poder vivir?

Morir a nuestro pensamiento y orgullo egoístas, y a nuestros deseos naturales de perseguir el éxito mundano y perseguir los placeres de la carne en realidad nos hace libres, libres para vivir como Jesús, para vivir como una luz para Él, agradándolo y glorificándolo con nuestra existencia misma. Esta libertad es una elección. No podemos vivir para Él cuando estamos encadenados por la mundanalidad o el pensamiento egoísta; de hecho, debemos morir con las cosas viejas habiendo pasado para que podamos vivir como una nueva creación en Jesús (ver 2 Corintios 5:17).

Se podría decir que seguir a Jesús les cuesta la vida a los creyentes. Es una decisión que se vive como un compromiso. Jesús nos dice que es un compromiso que debemos volver a hacer todos los días. Es despertar por la mañana diciendo: "Señor, este día es para Ti, mi vida es para Ti, mis palabras son para Ti, mis finanzas son para Ti. ¡Ayúdame a ser Tú para los demás hoy, y a amarte como mereces ser amado!". Cuando hacemos esto, cuando tomamos la decisión de dejar de arrastrarnos del altar, sucede algo asombroso; El amor de Dios al que somos atraídos nos hace santos.

Cuando Pablo nos llama a ser un sacrificio vivo y santo, lo hace con la intención de que entendamos lo que significa santo. El término griego *hágios* (ἅγιος) significa "algo apartado por o para Dios". Es una designación especial que identifica que ya no vivimos para nosotros mismos. Ya no vivimos en el egoísmo, el interés propio, la autopreservación y el pensamiento egocéntrico. Cuando nos presentamos como sacrificio vivo sometido a nuestro Rey, somos apartados para un uso santo.

Si el presidente de los Estados Unidos viniera a cenar, no le serviríamos perros calientes y papitas en platos desechables ni agua de la pluma en vaso plástico. Al presentar la comida a alguien de este renombre, serviríamos borgoña de res en porcelana fina y Perrier® en copas de cristal. La comida sería un evento especial para una persona aún más especial. La presentación y la preparación estarían lejos de ser ordinarias, y nuestro objetivo sería la perfección, o al menos lo más cerca que pudiéramos llegar a ella.

Este es exactamente el punto que Pablo está haciendo acerca de la presentación de nuestro propio ser ante Jesús. Nuestro ser apartado es especial no por lo que somos o lo que hacemos, sino por a quién nos presentamos (Cristo) y por qué nos presentamos a Él (para glorificarlo). Nuestra presentación es valiosa por el propósito que Él tiene para nosotros y cómo ese propósito lo glorifica.

No malinterpretes. Esto no es fácil. Se necesita a alguien especial para hacer este compromiso de vivir para el Señor y servirle solo a Él. Además, se necesita una enorme cantidad de amor para mantener este compromiso día tras día, pero no estamos solos. Dios no nos está llamando a nada que Él mismo no haya hecho ya, ni nos está llamando a nada que no podamos hacer.

Pablo escribe: "Con Cristo he sido crucificado, y ya no soy yo el que vive, sino que Cristo vive en mí; y la vida que ahora vivo en la carne, la vivo por fe en el Hijo de Dios, el cual me amó y se entregó a sí mismo por mí" (Gálatas 2:20). Las palabras de Pablo, "He sido crucificado" significan que él ya está muerto al poder del pecado y de este mundo. Él está diciendo que, esencialmente, todos somos hombres muertos caminando, muertos a las cosas de este mundo, y vivos para siempre en Cristo. En lo personal, he tenido mi momento de presentarme ante mi Salvador como sacrificio vivo, dejé todo ahí delante de Él, y ahora estoy viviendo mi vida en alabanza a Él. Mi vida es suya, y diariamente confirmo mi compromiso de seguirlo. La decisión es tuya. ¿Estás preparado para dejarte en el altar? ¿Estás listo para decir, "¡Sí! ¡Estoy comprometido! ¡Sí! ¿Como no?"

A menos que nos distingamos como salvados por Cristo, en el mundo, pero ya no del mundo, bien podríamos Servirle perros calientes y papitas en platos desechables y agua de la pluma un vaso plástico. En pocas palabras, el viejo yo debe irse; ¡debe morir! Cristo es digno de todo lo que tenemos, de lo mejor de nosotros. Es hora de que preparemos la borgoña de res, bajemos la porcelana fina y pulamos el cristal.

No hace mucho, en Miami tuvimos una helada de tres o cuatro días. El momento fue desafortunado; Acababa de plantar dos árboles de Mango Haiden, uno en mi patio delantero y otro en la parte de atrás. Como protección contra la helada, envolví mis plantas de exterior. Realmente, envolví casi todas mis plantas de exterior. Hubo cinco que no alcancé a llegar esa primera noche, incluyendo los dos nuevos árboles de mango. Antes de la segunda noche, envolví los cinco restantes. Una vez que pasó la helada, destapé mis plantas. Durante los siguientes días, observé con impotencia cómo las cinco plantas que habían estado expuestas esa primera noche se volvían marrones lentamente.

Consternado, recordé que era importante eliminar las partes muertas o moribundas de las plantas para que no consumieran los recursos limitados que tenían las plantas para sustentar la vida. Entonces, pasé tiempo quitando cuidadosamente todas las hojas, los palos y ramas muertas de las plantas en el patio trasero. Más tarde, siguiendo el consejo de mi madre, compré un poco de fertilizante en aerosol y alimenté las plantas del jardín semanalmente.

Mis esfuerzos valieron la pena y todas las plantas del jardín se rejuvenecieron. La única planta que no sobrevivió fue el árbol de mango en el patio delantero. Me di cuenta de que no me había tomado el tiempo de quitar todas las hojas muertas o moribundas del árbol del jardín delantero, y no lo había estado fertilizando de forma frecuente como lo había hecho con las plantas del jardín trasero. No puse el cuidado y la alimentación en el árbol de mango del patio delantero, y no prosperó.

De la misma manera, si vamos a crecer en Cristo, lo viejo debe irse y nuestro crecimiento debe ser alimentado. En otras palabras, si dejamos las partes muertas, simplemente filtrarán la nutrición y nuestro crecimiento se atrofiará o desaparecerá por completo. El crecimiento tiene dos partes, eliminar a lo muertos y moribundo (viejo yo), y también alimentar el crecimiento con nutrición de alta calidad (la palabra de Dios).

El viejo yo es nuestra naturaleza humana innata, nuestros deseos naturales hacia la autocomplacencia y la autopreservación. Pablo nos indica que dejemos el antiguo yo a un lado escribiendo, "No mintáis los unos a los otros, puesto que habéis desechado al viejo hombre con sus malos hábitos, y os habéis vestido del nuevo hombre, el cual se va renovando hacia un verdadero conocimiento, conforme a la imagen de aquel que lo creó" (Colosenses 3:9-10). El griego original establece esta directiva en términos inequívocos, usando *apekduomai* (ἀπεκδύομαι) que significa "dejar, desarmar, quitar"[7] y *palaios* (παλαιός) que significa "viejo, gastado por el uso" cómo era uno antes del cambio.[8]

Cuando nos volvemos nuevos, nuestro nuevo yo busca a Dios, lo cual es diametralmente opuesto al estado natural del hombre. No podemos vivir nuestra nueva vida en Jesucristo con nuestro viejo yo, mundano y moribundo, todavía aferrado. Si lo hacemos, no puede haber un nuevo crecimiento que sostenga la vida; lo viejo matará de hambre a lo nuevo, y no prosperará. ¿Te estás aferrando a las hojas muertas de tu viejo yo y estás impidiendo que crezca tu nuevo yo en Jesús? ¿Estás ofreciendo al Señor lo que sobra en lugar de ofrecerlo todo?

Dejar atrás una vida que está enfocada en uno mismo y centrada en uno mismo para abrazar una que está centrada en Cristo y enfocada en los demás representa un cambio enorme, pero es vivir esta vida en el nuevo yo lo que nos hace aceptables y agradables a Dios. Hacer un cambio tan inmenso es monumental, lo que aclara por qué Pablo apoya su súplica con la grandeza de todo lo que Jesús ha hecho por nosotros.

Por supuesto, la mayoría de nosotros no pensamos lo suficiente en lo que significa agradar a Dios. Por lo general,

---

[7] Thayer and Smith, "Apekduomai" in *The NAS New Testament Greek Lexicon,* electronic.
[8] Thayer and Smith, "Palaios."

estamos tan concentrados en las minucias de nuestros propios deseos y en la búsqueda de nuestro propio placer que no pensamos en lo que hace feliz a Dios. Sin embargo, si nos estamos ofreciendo como sacrificio a Él, ¿no deberíamos hacerlo por Su placer?

Considerar los sacrificios de animales realizados en el Antiguo Testamento. Fueron hechos en respuesta a la ira de Dios por el pecado de los israelitas que resultó en que Dios se distanciara de ellos. El propósito de los sacrificios era agradar a Dios, acercarlo a Él y devolver Su favor a Su pueblo.

En el Antiguo Testamento hay muchas referencias a sacrificios de olor agradable al Señor. Solo Levítico tiene una serie de referencias que incluyen 1:9, 2:2, 3:5, 4:31, 6:15, 8:21, 23:13. El aroma agradable no se trataba del olor de un animal o de una ofrenda de grano, sino del hecho de que a Dios le agradaba el deseo de los israelitas de expiar su pecado y buscar la redención.

La misma expiación por el pecado y el cumplimiento de la redención se reflejan en la muerte de Cristo en la cruz. Como creyentes, tenemos redención de una vez por todas a causa de Cristo. Aun así, en el Nuevo Testamento somos llamados a ser sacrificios vivos que agraden a Dios. Pablo señala esto, escribiendo sobre los creyentes: "Porque fragante aroma de Cristo somos para Dios" (2 Corintios 2:15a). La humildad es hermosa a los ojos de Dios. Buscar el perdón y elegir no volver a pecar es algo hermoso; agrada a Dios como un olor fragante. ¿Describirías tu vida como un olor fragante para Dios?

En Lucas 7:36-50, se relata la historia de la compasión de Jesús por un pecador arrepentido.

> Uno de los fariseos le pedía que comiera con él; y entrando en la casa del fariseo, se sentó a la mesa. Y he aquí, había en la ciudad una mujer que era pecadora, y cuando se enteró de que Jesús estaba sentado a la mesa en casa del fariseo, trajo un frasco de alabastro con perfume; y poniéndose detrás de Él a sus pies, llorando,

comenzó a regar sus pies con lágrimas y los secaba con los cabellos de su cabeza, besaba sus pies y los ungía con el perfume. Pero al ver esto el fariseo que le había invitado dijo para sí: Si este fuera un profeta, sabría quién y qué clase de mujer es la que le está tocando, que es una pecadora. Y respondiendo Jesús, le dijo: Simón, tengo algo que decirte: Y él dijo: Di, Maestro. Cierto prestamista tenía dos deudores; uno le debía quinientos denarios y el otro cincuenta; y no teniendo ellos con qué pagar, perdonó generosamente a los dos. ¿Cuál de ellos, entonces, le amará más? Simón respondió, y dijo: Supongo que aquel a quien le perdonó más. Y Jesús le dijo: Has juzgado correctamente. Y volviéndose hacia la mujer, le dijo a Simón: ¿Ves esta mujer? Yo entré a tu casa y no me diste agua para los pies, pero ella ha regado mis pies con sus lágrimas y los ha secado con sus cabellos. No me diste beso, pero ella, desde que entré, no ha cesado de besar mis pies. No ungiste mi cabeza con aceite, pero ella ungió mis pies con perfume. Por lo cual te digo que sus pecados, que son muchos, han sido perdonados, porque amó mucho; pero a quien poco se le perdona, poco ama. Y a ella le dijo: Tus pecados han sido perdonados. Los que estaban sentados a la mesa con Él comenzaron a decir entre sí: ¿Quién es este que hasta perdona pecados? Pero Jesús dijo a la mujer: Tu fe te ha salvado, vete en paz (Lucas 7:36-50).

La mujer, aparentemente una prostituta, acudió a Jesús en busca de perdón. Ella derramó todo lo que tenía como ofrenda, incluido su deseo de ser perdonada, sus lágrimas y un frasco de perfume caro que derramó sobre los pies de Jesús (vv. 36-38). Cuando se llamó a su presencia como una persona de la calle y su acción de derrochar perfume caro, Jesús explicó que fue precisamente por lo grande de su pecado que Él se conmovió al derramar su tristeza, pena y dolor. Identificó que cuanto mayor es la deuda, más agradecido es el deudor a quien se le perdona

(vv. 39-43). Además, identificó que la profundidad de su fe en nuestro Dios amoroso y misericordioso la llevó ante Jesús ofreciendo su sacrificio de todo lo que tenía (vv. 44-50). En respuesta, se derrama Su perdón y Él le asegura: "Tu fe te ha salvado; vete en paz" (Lucas 7:50).

Esta mujer no tenía mucho; ni siquiera poseía una reputación de valor. Sin embargo, sin retener nada, lo poco que tenía lo llevó a los pies de Jesús. Ella entendió su lugar, y como la viuda que dio todo lo que estaba a su alcance para su supervivencia (Lucas 21:1-4), no retuvo absolutamente nada. Ella tomó todo lo que estaba a su disposición como un medio para presentarse ante Jesús, incluso si solo era su cabello. "¿No os enseña la misma naturaleza que si el hombre tiene el cabello largo le es deshonra, pero que si la mujer tiene el cabello largo le es una gloria? Pues a ella el cabello le es dado por velo" (1 Corintios 11:14-15).

Ella tomó la gloria que tenía y la usó para enjugar los pies de Jesús. Ella lo colmó de lágrimas, besos y perfume caro, y usó su manto para enjugarle los pies, los mismos pies que llevaban la noticia de la salvación. Poco después de este encuentro, los pies de Jesús recorrerían el camino del Gólgota y serían clavados en la cruz por los pecados del mundo. Hasta sus pies son dignos de honra. Todo lo que hizo la mujer ilustró su propia humildad al demostrar su deseo de honrar a Jesús. En esta escritura, Jesús señala que esto contrasta incluso con aquellos más cercanos a Él, llamando la atención a Simón por no haber hecho nada similar por Jesús (Lucas 7:44-46).

Como muchos de nosotros hoy, Simón necesitaba una revisión de la realidad. No honró a Cristo tratándolo como un invitado especial; de hecho, Jesús señala que Simón lo trató como a cualquier huésped común. Esto fue evidenciado por el hecho de que Simón no trató a Jesús como un invitado de honor según la costumbre de la época. Si Simón hubiera tratado a Jesús como un invitado de honor, más importante que él mismo, lo habría saludado con un beso doble, le habría ungido la cabeza con aceite de oliva y habría hecho que un criado le lavara los pies a Jesús. Pero Simón no había hecho ninguna de estas cosas; no se vio a sí mismo como menos importante o inferior a Cristo. Simón se había comportado como lo haría cualquiera de nosotros al recibir a un amigo.

No es raro que olvidemos nuestro lugar en relación con la grandeza. Una estudiante universitaria que visitaba el museo en la casa de Beethoven, se deslizó por debajo de la cuerda y comenzó a tocar el piano de Beethoven. Cuando el personal se le acercó, dijo despreocupadamente: "Supongo que todos los músicos que vienen aquí quieren tocar este piano". El hombre respondió compartiendo con ella que durante una visita reciente del gran Paderewski se le extendió una invitación para sentarse al piano y tocar. Paderewski respondió: "No, no me siento digno de tocar el piano del gran maestro".[9]

La ofrenda de Simón fue una entre iguales. Invitó a Jesús a unirse a él y compartir una comida juntos como amigos. Esto no es lo que Jesús quiere de nosotros. Cuando nos ofrecemos a nosotros mismos, debe ser en humildad y en reconocimiento de nuestra inferioridad, comprendiendo plenamente que es Su sacrificio sin paralelo el que compró nuestra salvación.

¿Eres como Simón? ¿Estás poniendo todo lo que tienes a los pies de Jesús, viendo tu mayor posesión como suya? ¿O simplemente estás entreteniendo a un amigo? Si no lo damos todo con humildad, si no nos sometemos nosotros mismos y nuestras vidas a Él, solo estamos entreteniendo a un amigo preciado. Pero, sabemos que este no es el caso. Incluso cuando damos todo lo que tenemos, nuestra ofrenda de una vida de amor vivida por Él, se opaca en comparación con Su gran sacrificio en la cruz, y todo lo que podemos hacer es dejar nuestra ofrenda de honor, humildad y una vida vivida en amor por Su gloria.

La ofrenda que agrada a Dios tiene un dulce aroma de amor, humildad, perdón y abnegación. Nuestras ofrendas, hechas así,

---

[9] James Hewett, *Illustrations Unlimited* (Carol Stream, IL: Tyndale, 1988), 294.

agradan tanto al Señor porque son momentos vividos que no se pueden recobrar ni recuperar. Al igual que la mujer de mala reputación que derramó el perfume caro, una vez que se rompió el frasco, el aceite perfumado nunca más se iba a recuperar, se dio el valor de este y la ofrenda fue total y completa. Esta es la misma finalidad del sacrificio de una vez por todas de Jesús en la cruz; "y andad en amor, así como también Cristo os[a] amó y se dio a sí mismo por nosotros, ofrenda y sacrificio a Dios, como fragante aroma" (Efesios 5:2).

El sacrificio de Jesús en la cruz fue hasta la muerte; fue total y completo. No se detuvo después de los golpes a manos de los guardias del templo, ni se detuvo ante los azotes. Él dio todo; no había nada más que dar y no había forma de recuperarlo. La lección para nosotros es que nuestra ofrenda de nosotros mismos como sacrificio vivo es un reflejo de la plenitud de lo que Él ha hecho por nosotros, y esto es lo que agrada a Dios.

Capítulo Cinco

CULTO

...que es vuestro culto racional. (Romanos 12:1)

Todos hemos tenido esa experiencia, conducir en el automóvil cantando nuestra canción de adoración favorita y sentir una conexión profunda cuando la canción termina y la siguiente es un estilo completamente diferente que nos saca de nuestro ensueño. En un esfuerzo por recuperar el momento, cambiamos la estación de radio o hacemos clic en una lista de reproducción diferente, todo porque la música no cumplía con nuestras preferencias para la adoración.

Cuando escuchas la palabra "adoración", ¿qué te viene a la mente? Si eres como yo y millones de personas, tus pensamientos te llevan a cantar alabanzas el domingo, o a un estudio bíblico a mitad de semana donde la adoración es simplemente una guitarra y un grupo de personas cantando. O tal vez se encuentra pensando en una experiencia de adoración más contemporánea que incluye niebla que sale de una máquina en la esquina y el destello de luces de neón mientras el líder de la adoración toca un sintetizador. Debo admitir que eso definitivamente no es lo que pienso, pero es posible que tu mente se haya ido allí.

Lo que cada uno de nosotros pensemos que es adoración y la oportunidad de alabar al Señor, no importa cuán ferviente o grandiosa sea, no es más que una gota en el balde de la verdadera adoración; es solo rascar levemente la superficie de alabar al Señor. La adoración es el alma que clama por lo que solo Cristo puede dar. Es un grito de pertenencia y aceptación que sólo Jesús puede dar. Es un anhelo de llenar el vacío en forma de Dios en el corazón de cada ser humano.

A veces perdemos de vista el por qué adoramos, a quién se dirigen nuestros cánticos de alabanza, cuál es el objetivo de un sermón e incluso por qué nos reunimos en comunión en primer lugar, es Jesús. Es Jesús, quien salvó al mundo a través de Su muerte y resurrección. La adoración es una humillación de nosotros mismos en adoración desinteresada. El foco de adoración es siempre Jesús; nunca se trata de ti, ni de mí, ni de nadie más como individuo. Cuando llegamos a ello desinteresadamente para glorificar a Jesús y alabar al Señor por quién es Él y todo lo que ha hecho, nuestro acto desinteresado nos beneficia realmente. Nos beneficiamos porque el acto de adoración nos prepara para Él, nos prepara para trabajar y enfocarnos en Él. El Apóstol Santiago nos dice: "Humillaos en la presencia del Señor, y él os exaltará" (Santiago 4:10).

Cuando nos acercamos a Jesús en humilde adoración, estamos cumpliendo una parte de la adoración, que es la reverencia. La palabra griega original *eusebés* (εὐσεβής) se usa para describir hacer tener reverencia ante uno, en este caso, estar asombrado del Dios Todopoderoso. En otras palabras, la adoración es darnos cuenta de nuestro lugar en relación con nuestro maravilloso Creador. El profeta Isaías describe ser abrumado con asombro al ver la maravilla de Dios (Isaías 6).

Es este sentido de reverencia ante la asombrosa maravilla del Salvador lo que nos impulsa. No podemos evitar cantar en adoración; es decir, a menos que nos encontremos malinterpretando nuestro lugar en relación con nuestro Creador. Si perdemos de vista a Dios y comenzamos a tenernos en alta estima, es esencial recordar quiénes fuimos, dónde y cómo vivimos, y lo que Cristo ha hecho por nosotros.

De alguna manera, la adoración puede considerarse como un termómetro para el alma; cuanto más sabemos acerca de Dios, más febril nos volvemos en nuestro deseo descarado de adorarlo en todos los sentidos. La verdadera adoración es llegar a la fuente de la vida sin freno, exponiendo descaradamente nuestras almas al Hijo. La verdadera adoración nos llama a exponernos de esta manera desinhibida en nuestra vida de oración y en nuestro acercamiento a Su palabra mientras la leemos, la estudiamos y la escuchamos. La verdadera adoración exige una exposición cruda y sin trabas mientras cantamos Su alabanza con nuestros labios.

Mientras que la reverencia es una parte de la adoración, la alabanza es otra. La alabanza es el tipo más comúnmente asociado con el concepto de adoración. La alabanza (*aineó*) es lo que solemos vincular a la adoración y como la definimos. Este canto y las voces de aclamación que a menudo lo acompañan no son la fuente de nuestra adoración, sino que representan las manifestaciones externas de la adoración. La adoración en sí misma, tal como se define por el uso específico de *aineó*, es un desbordamiento del asombro que el hombre siente por el Señor.

> Y miré, y oí la voz de muchos ángeles alrededor del trono y de los seres vivientes y de los ancianos; y el número de ellos era miríadas de miríadas, y millares de millares, que decían a gran voz: El Cordero que fue inmolado digno es de recibir el poder, las riquezas, la sabiduría, la fortaleza, el honor, la gloria y la alabanza. Y a toda cosa creada que está en el cielo, sobre la tierra, debajo de la tierra y en el mar, y a todas las cosas que en ellos hay, oí decir: Al que está sentado en el trono, y al Cordero, sea la alabanza, la honra, la gloria y el dominio por los siglos de los siglos. Y los cuatro seres vivientes decían: Amén. Y los ancianos se postraron y adoraron (Apocalipsis 5:11-14).

La verdadera adoración se refleja en estos pasajes, donde Juan pinta un cuadro conmovedor de oraciones, cantos de alabanza y asombro de estar lleno de la verdad que tuvo el privilegio de ver. Esta llenura y el desbordamiento que proviene del asombro y la admiración ilustran otro tipo de adoración. Del griego *proskuneó* (προσκυνέω), este culto es literalmente ser abrumado y caer en adoración; es el acto de postrarse ante la grandeza.

Como formas de adoración, la reverencia, la acción de gracias y la adoración penetran y exponen el alma. Nos hacen ser humildes porque a través de ellos admitimos nuestra necesidad del Salvador (reverencia), derramamos cánticos de alabanza al Uno, el Único, que puede suplir nuestra necesidad (acción de gracias), y nos inclinamos ante Él, reconociendo su grandeza (adoración).

Hay otro tipo de adoración más comúnmente relacionado en el Antiguo Testamento descrita originalmente usando la palabra griega *thréskeia* (θρησκεία), que significa "actos rituales de adoración". Algunas personas hoy día evitan o incluso temen este tipo de adoración debido a su estilo ritual. En los tiempos del Antiguo Testamento, esta adoración incluía sacrificios, incienso y oraciones y cantos ritualizados, y aunque hoy no realizamos sacrificios, este tipo de adoración no es única de las personas que vivían en la antigüedad.

Santiago se refiere a comportamientos rituales cuando habla del nuevo pacto, escribiendo: "Si alguno se cree religioso, pero no refrena su lengua, sino que engaña a su propio corazón, la religión del tal es vana. La religión pura y sin mácula delante de nuestro Dios y Padre es esta: visitar a los huérfanos y a las viudas en sus aflicciones, y guardarse sin mancha del mundo" (Santiago 1:26-27). Si bien es cierto que su naturaleza predecible y rutinaria puede implicar que de alguna manera es una adoración menor, este no es el caso. Los actos rituales rutinarios que definen la adoración de *thréskeia* agradan a Dios, y esta es razón suficiente para ser partícipes.

En este pasaje del libro de Santiago, observamos tres características de la adoración realizada como actos rituales: hablar, servir y ser apartado. Esta adoración va más allá de las reuniones dominicales, alabando a Dios con nuestras voces y diezmando nuestro diez por ciento. Requiere que hagamos un ritual de adorar a Dios con la forma en que hablamos y nos

Culto   45

comunicamos (habla), cómo cuidamos y que hacemos por los demás (servicio), y cómo vivimos una vida agradable a Dios en este mundo, no permitiendo que sus influencias para dominarnos, sino ser apartados.

A medida que seguimos viviendo de esta manera, nuestras acciones se vuelven rituales porque ya no tenemos que pensar en cada una de ellas, fluyen automáticamente de un corazón agradecido. Cuando se trata de hablar, Santiago señala que si alguien dice que es religioso o adorador, pero miente, chismea o habla mal del prójimo, esa persona es falsa, se está mintiendo a sí mismo (v. 26). No estamos adorando a Dios o en comunión con Jesús si hablamos cualquier tipo de maldad. Hacer un hábito de decir la verdad con amor y bondad establece un ritual, que luego se realiza de forma rutinaria como un acto de adoración.

Este hábito que se convierte en un acto ritual de adoración se extiende más allá de nuestro discurso a los actos de cuidado por los demás. Santiago identifica específicamente que debemos cuidar de aquellos que no pueden cuidar de sí mismos (v. 26). Cuidar de los necesitados, de las personas indefensas y de otros que han sido creados a la imagen de Dios tal como somos nosotros, es un acto de adoración. Cuando hacemos esto como una cuestión de rutina, exhibimos el culto a *thréskeia*.

Como señala Santiago, los creyentes auténticos demuestran su fe cuidando lo que dicen y preocupándose por los demás mientras se divorcian de las influencias destructivas del mundo (v. 27). Mantenernos alejados de la mundanalidad, incluidos los deseos de la carne y otros señuelos de la oscuridad, significa que, aunque estemos viviendo aquí en este mundo, no somos iguales a este mundo; significa que no actuamos como los que pertenecen a este mundo. Se puede suponer que Santiago nos está llamando a formar hábitos en nuestra vida que son acciones de cuidado, palabra y desapego del pecado. Nos está llamando a hacer de la adoración un comportamiento.

A William Booth, fundador del Ejército de Salvación, se le atribuye haber dicho: "Si una iglesia estuviera ardiendo por

Dios, la gente vendría de millas de distancia para verla arder".[10] Estamos llamados a ser estos verdaderos adoradores, viviendo "en llamas por Dios", honrando al Señor con nuestro estilo de vida y actos de servicio mientras adoramos a Dios en oración, canto y habla. El apóstol Juan escribe: "Pero la hora viene, y ahora es, cuando los verdaderos adoradores adorarán al Padre en espíritu y en verdad; porque ciertamente a los tales el Padre busca que le adoren. Dios es espíritu, y los que le adoran deben adorarle en espíritu y en verdad" (Juan 4:23-24). Como creyentes, nuestra adoración "ardiendo por Dios" tiene el potencial de atraer multitudes a Cristo.

Un día, una mujer acudió a su pastor llorando. Ella le dijo que en su adoración se sentía vacía y desconectada de Dios. Sus lágrimas continuaron mientras relataba cómo había estado en iglesias de todas las denominaciones, probado un sinnúmero de estilos de canto, orado por cada don en las Escrituras e incluso había personas que le habían puesto las manos encima, pero su vacío y sentimiento de distancia permanecían. Terminó diciéndole al pastor que simplemente no se sentía satisfecha y que necesitaba que Dios hiciera más. El pastor asintió con simpatía y suavemente explicó que la clave para lograr la victoria espiritual, la paz duradera y el verdadero contentamiento no radica en tratar de obtener algo de Dios, sino en buscar por todos los medios darle todo lo que podamos.

Nuestros problemas con el vacío y la desconexión provienen del enfoque y la intención fuera de lugar. No se trata de lo que podemos recibir; se trata de lo que podemos dar. Estamos llamados a amar a Dios con todo nuestro ser ya adorarlo en todo lo que hacemos.

Este es el "sacrificio vivo y santo" del que habla Pablo en Romanos 12:1. La adoración como estilo de vida abarca todo acerca de nosotros, incluyendo nuestras acciones y palabras. Se

---

[10] Rick Ezell, "Sermon: The Power of Worship – Psalm 40, John 12," Lifeway.com, January 27, 2014, http://www.lifeway.com/Article/sermon-power-of-worship-psalm-40-john-12.

refleja en nuestra elección de seguir a Jesús, de ser guiados por Su Espíritu en lugar de por los caminos del mundo. Es una adoración que define cada aspecto de la vida de un creyente. No se trata de ser un espectáculo, caminar por la calle cantándonos himnos a nosotros mismos o inclinarnos al azar ante entidades invisibles. Es una adoración a Dios por Su gloria que consume tanto que ha superado nuestro estado natural de egoísmo y pecado. No es tanto un deseo como una pasión, una vida no sólo vivida *para* Él sino *por* Él.

Jesús mismo explica este concepto de vida vivida como adoración diciendo: "Vosotros sois la luz del mundo. Una ciudad situada sobre un monte no se puede ocultar; ni se enciende una lámpara y se pone debajo de un almud[a], sino sobre el candelero, y alumbra a todos los que están en la casa. Así brille vuestra luz delante de los hombres, para que vean vuestras buenas acciones y glorifiquen a vuestro Padre que está en los cielos" (Mateo 5:14-16). ¿Estamos viviendo nuestras vidas como adoración, dedicados a vivir para Jesús, eligiendo diariamente seguirlo y servirlo? Cuando elegimos dejar que nuestra vida sea como las canciones de adoración que cantamos, no sobre nosotros, no sobre alabarnos a nosotros mismos, sino sobre Jesús, sobre agradar a Dios, es entonces cuando nuestra luz brilla ante los demás para la gloria de Dios.

Las ofrendas levíticas se hacían para expiar el pecado. Eran necesarias porque el hombre es pecador y está lleno de fracasos. La necesidad de expiar fue un claro recordatorio de que el hombre nunca podría lograr la redención por sí mismo porque es pecador y se quedaría corto una y otra vez. Por sí mismo, el hombre estaría para siempre necesitado de una nueva redención. Gracias a Jesús, tenemos la redención de una vez por todas que nos ha liberado para siempre.

Cuando elegimos ser un "sacrificio vivo y santo" como se describe en Romanos 12:1, significa amarlo y vivir asombrados por lo que Él ha hecho al sacrificarse por nosotros. Es adorarlo por lo que continúa haciendo mientras nos ama, nos nutre y nos hace crecer. Y es alabarlo por lo que aún va a hacer de acuerdo con la palabra de Dios. Es vivir con asombro, agradecimiento y amor, alabando a Dios y retribuyéndole en adoración.

La adoración en la forma de ser un sacrificio vivo no es una muerte física sino espiritual. La frase "servicio espiritual de adoración" *logikēn*, tiene su raíz en el término griego *logos*, que quiere decir "la esencia de" o "palabra", y significa "razonable". La esencia de nuestro culto es la ofrenda espiritual de nosotros mismos. Es la presentación humilde de nosotros mismos a Dios. No es solo cantar alabanzas los domingos sino vivir la alabanza todos los días. El sacrificio que estamos presentando a Dios es nuestra vida y nuestra decisión de morir a nosotros mismos y ponernos delante de Él, que es una manera razonable de alabar a Dios por lo que ha hecho por nosotros.

Cuando nos entregamos como sacrificio vivo, nuestra vida se convierte en adoración, como una nota musical cantada al Señor. Aunque merecemos el castigo por las cosas malas que hacemos, Dios nos da gracia. Si bien no tenemos derecho a ello, Dios ofrece misericordia. ¡Esta es razón suficiente para vivir tu vida como adoración, un momento en que alabas el nombre de Dios sin importar los altibajos! ¡Vive tu vida como un canto de alabanza, clamando en las buenas y en las malas! Deja que las alabanzas fluyan, ponte de rodillas y deja que las acciones de tu vida sean siempre verdadera adoración.

Estos capítulos iniciales tenían la intención de inspirarte, y oro para que tengas tu propio "¡Sí! ¿Como no?", "¡Sí! ¡Estoy comprometido!" momento. La segunda mitad de este libro presenta el momento de la decisión, aborda el siguiente versículo en Romanos 12, donde Pablo establece lo que se necesita para convertirse en un sacrificio vivo. Es un momento al que todos nos enfrentamos, en el que debemos tomar una decisión. ¿Nos conformaremos al mundo y encajaremos en su molde, o romperemos el molde y viviremos una vida de adoración que agrade a Dios?

Capítulo Seis

SE UN SALMÓN

Y no os adaptéis a este mundo... (Romanos 12:2)

Recientemente, vi un video en el Internet que demostraba cuán rápido las personas se amoldarían a una situación o contexto para pertenecer o mezclarse más fácilmente. La escena estaba ambientada en el consultorio de un médico, donde todos eran actores que participaban en la artimaña, excepto una paciente real, una mujer que no era actriz. La paciente no sabía que estaba participando en un experimento social para observar sus respuestas a una situación específica.

El papel de los actores era ponerse de pie juntos en respuesta al sonido de un timbre, que ocurría cada cinco minutos. Usando un lapso de tiempo, el video mostró que las dos primeras veces que sonó el timbre, el grupo de actores se paró al unísono mientras la paciente, no consiente, miraba a su alrededor incómoda. Para la tercera vez que sonó el timbre, la paciente se unió a los demás para ponerse de pie y continuó parándose en respuesta al timbre a partir de ese momento.

A medida que comenzaron a llegar más pacientes a sus citas, el equipo de filmación hizo que un actor saliera de la sala de espera cada vez que llegaba un nuevo paciente. Igualmente, cada cinco minutos sonaría el timbre y sería hora de ponerse de pie. Finalmente, la sala no tenía actores y solo pacientes que desconocían el experimento. Aun así, cada vez que sonaba el timbre, los pacientes continuaban de pie y luego se volvían a sentar hasta que sonaba el siguiente timbre.

Eventualmente, el equipo de filmación envió a un nuevo actor que se sentó junto a la paciente original. Cuando sonó el timbre, hizo que todos se pusieran de pie juntos mientras el actor se sentaba fingiendo leer un periódico. Cuando él no se puso de pie, ella se inquietó, e inclinándose le dio unos golpecitos explicando que con cada timbre debía ponerse de pie y luego sentarse junto con todos los demás. Cuando el hombre preguntó por qué estaban de pie cuando escucharon el timbre, la mujer pareció confundida y tímidamente respondió: "Eso es lo que hacemos".

Cuando el timbre comenzó de nuevo, el mismo actor permaneció sentado mientras la mujer observaba molesta. Después de solo tres rondas sin que sucediera nada, la mujer también se quedó tímidamente en su silla. Lentamente, los pacientes en la sala de espera rechazaron su nuevo "entrenamiento" y permanecieron sentados. El resultado final fue que no solo ganó la conformidad, ¡ganó dos veces!

¡Oh, las cosas que hacemos para evitar la incomodidad o para ganar un sentimiento de pertenencia! Es tentador hacer lo mismo o dejarse llevar por la corriente para no irritarnos y para pertenecer. A menudo es difícil hacer lo correcto y puede ser muy angustioso arriesgarse a perder la aceptación. El conformarse puede ser más fácil en el momento, pero piensa en cómo empaña nuestra adoración. ¿Cuántas veces hemos fallado, cuánto crecimiento hemos perdido, cuántas recompensas hemos dejado de ganar y cuántos milagros nos hemos desperdiciado mientras estábamos concentrados en pararnos al sonar el timbre como todos los demás?

En Romanos 12:2, Pablo nos exhorta a dejar de conformarnos al mundo. Cuando nos adaptamos al mundo, somos como la gelatina que cambia de forma para adaptarse a la forma del recipiente en el que se encuentra. Cuando la gelatina se traslada a un recipiente diferente, simplemente se reconfigura para adaptarse al cambio de circunstancias. Pon gelatina en una forma y se convierte en esa forma; se convertirá en un círculo, un cuadrado o un triángulo. El contenido de gelatina también se manipula fácilmente. Agregue fruta a la gelatina, colorante para alimentos o saborizante de fresa; no importa lo que quieras, todo lo que tienes que hacer es ponerlo en el molde y esperar a que se ajuste.

La mayoría de nosotros hemos hecho lo mismo en un momento u otro. Quiénes somos y cómo somos se vuelve dependiente de quién está a nuestro alrededor, dónde estamos, en qué situación nos encontramos o qué sucede a nuestro alrededor. Cuando estas cosas se vuelven más apremiantes que seguir el ejemplo de Cristo, terminamos siendo conformados. En este mundo, definitivamente es más fácil seguir a la multitud que seguir a Jesús, pero la adoración es el acto mismo de seguirlo y no elegir el camino fácil. Esta es la parte de tomar tu cruz diariamente de elegir ser un sacrificio vivo.

No será para siempre; este mundo no es para siempre. Jesús es para siempre, y Él dice: "No améis al mundo ni las cosas que están en el mundo. Si alguno ama al mundo, el amor del Padre no está en él. Porque todo lo que hay en el mundo, la pasión de la carne, la pasión de los ojos y la arrogancia de la vida, no proviene del Padre, sino del mundo. Y el mundo pasa, y también sus pasiones, pero el que hace la voluntad de Dios permanece para siempre" (1 Juan 2:15-17). ¿Estás preparado para elegir amar al Padre en lugar que al mundo que va a pasar?

Cuando actuamos como el mundo, persiguiendo las cosas del mundo y viviendo como aquellos que están en todo el mundo, terminamos sin nada para Jesús. El amor de Dios no está en nosotros, o se agota. Un sacrificio vivo lo invierte todo en Jesús, sin reservar nada. Si decimos que amamos a Jesús y que lo seguimos, y decimos que somos creyentes, entonces no podemos esconder nuestra luz dentro de la oscuridad del mundo o enredarla con las acciones oscuras y las malas intenciones del mundo. Debemos estar separados del mundo, porque quienes somos, nuestras vidas, nuestras acciones, nuestras palabras, son nuestra luz, y nuestra luz ilumina. ¿Tu luz brilla intensamente en la oscuridad de este mundo o está siendo opacada por ella?

El mundo puede ser convincente. Incluso Pedro tuvo momentos en los que podría haberse puesto de pie en la sala de espera cuando escuchó el timbre. Mateo 14:22-36 encuentra a Pedro en un bote en el Mar de Galilea. Este fue uno de esos momentos. Es muy tarde, y todavía está muy oscuro, las primeras horas de la mañana. Los discípulos han estado luchando contra tormentas durante toda la noche, y solo han logrado llegar hasta el medio del mar. Están cansados y cansados, amontonados para calentarse, y tal vez uno de ellos esté usando el hombro de otro para descansar la cabeza. De repente, a través del viento y las olas, la neblina y el horizonte de la mañana, ven una figura caminando hacia ellos sobre el agua. ¿Están soñando? Al igual que a nosotros, el pánico se apodera del grupo en el barco. El versículo 26 nos habla de ese momento de pánico: "Y los discípulos, viéndole andar sobre el mar, se turbaron, y decían: ¡Es un fantasma! Y de miedo, se pusieron a gritar."

Estaban exhaustos y temerosos. Aterrorizados, comenzaron a gritar. La palabra utilizada es *ekraxan*, que significa gritar inarticuladamente en un momento de profunda agitación. Para Pedro y los que estaban en la barca con él, la agitación fue de terror y miedo, pero luego Jesús habla, y se quedan atónitos en silencio. Resulta que no es un monstruo, un demonio o un fantasma como creyeron en un principio, sino su rabino, su maestro a quien aman.

Este es el momento de Pedro. "Pedro respondió y le dijo: Señor, si eres tú, mándame que vaya a ti sobre las aguas" (v. 28). "Y Él dijo: ¡Ven!" (v. 29). Mientras los demás se sentaban atónitos y temerosos en la cubierta del barco, Pedro rompió el molde. Dejó de pararse y sentarse al escuchar el timbre. Pedro salió con fe, y mientras lo hacía, sintió la ráfaga de viento acariciando su cabello, el rocío del mar mordiendo su piel y fuertes olas levantándose y rompiendo a su alrededor. Mientras todo esto sucedía a su alrededor, Pedro vio cómo se desarrollaba su milagro y sintió que el mar le hacía cosquillas en las plantas de los pies mientras caminaba sobre el agua.

Algunos que están familiarizados con estos pasajes culpan a Pedro de lo que ocurre luego. Se enfocan en Pedro hundiéndose en el mar y olvidan que Pedro caminó sobre el agua. Me encanta cómo el maestro de la Biblia y teólogo J. Vernon McGee aborda este punto de vista miope, escribiendo: "Oigo a la gente decir que Pedro no caminó sobre el agua, pero esa no es la forma en que se lee mi Biblia. Mi Biblia dice que Pedro caminó sobre el agua para ir a Jesús. ¡Esto no es un fracaso!"[11]

Al salirse de la conformidad, al romper el molde, Pedro reclamó un hermoso momento de fe, crecimiento, recompensa y bendición. No solo caminó sobre el agua, caminó sobre el agua en la dirección de Jesús, solo Pedro y su Señor, ojo a ojo caminando sobre las olas. ¿Te imaginas ese momento?

En el mundo de hoy, el enfoque parece estar en la aceptación; todos quieren pertenecer. Nadie quiere ser original o destacarse entre la multitud de ninguna manera. Las personas no usan jeans ajustados porque les gustan, los usan porque todos los demás los usan. Las personas se tatúan la cara, se perforan los ojos, la nariz, las mejillas, los labios y el pecho, y aunque a menudo dicen que es una declaración de su individualidad, parece más probable que sea un acto para obtener aceptación y establecer una pertenencia entre aquellos en su grupo.

Como creyentes, cuando Pablo nos exhorta a no conformarnos al mundo, lo que nos está diciendo es que no debemos ponernos en el molde de los que viven para el mundo. Se nos advierte que no nos amoldemos al mundo, que no nos vistamos, hablemos o actuemos como lo hace el mundo. No debemos estar desesperados por ser moldeados por el molde del mundo, debemos estar desesperados por ser moldeados a la imagen de Dios.

Dios quiere ser quien nos moldee, nos desarrolle, nos cambie. Jesús es el ejemplo. Dios quiere que nuestras vidas sean únicas

---

[11] J. Vernon McGee, *Thru the Bible with J. Vernon McGee*, vol. 4, *Matthew-Romans*. (Nashville, TN: Thomas Nelson, 1983), 85.

en relación con los caminos del mundo y que sirvan como ejemplos de Él y Sus caminos. Pedro dice que debemos sentirnos como extraños, extranjeros, ajenos a este mundo. "Amados, os ruego como a extranjeros y peregrinos, que os abstengáis de las pasiones carnales que combaten contra el alma" (1 Pedro 2:11). En este pasaje, Pedro está identificando que el idioma del mundo no es nuestro idioma, ni la apariencia del mundo es nuestra apariencia. La forma en que otros responden a sus circunstancias y contexto no es la forma en que responden los creyentes.

En el salmón, Dios nos dio un ejemplo de este enfoque contrario a la cultura. Como una forma de conservar energía, casi todas las especies de peces usan la corriente del agua para moverse mientras nadan, y se mueven en grupos, llamados cardúmenes, para ahorrar energía y brindar seguridad. A medida que los peces se mueven, todos se mueven al unísono; ninguno de los peces se apartaría repentinamente del camino del grupo.

Los salmones son diferentes. Este pez en particular nada contra la corriente y vive su vida aparte de las agrupaciones de otras especies de peces. El único propósito de la vida de un salmón es dar vida. Lo hace nadando largas distancias contra la fuerza de la corriente del agua para llegar al lugar donde va a poner sus huevos. Para otras especies de peces, su propósito es simplemente existir. No así para el salmón. En su viaje río arriba, estos peces se enfrentan a rocas irregulares, aguas embravecidas, pescadores, lobos y osos, todo para poder brindar la oportunidad de vida a otros como ellos.

Nuestras vidas son en cierto modo similares a las del salmón. Nosotros también estamos aquí para brindar la oportunidad de vida a otros como nosotros, y la forma en que vivimos es diferente a la de los demás. Al igual que el salmón, enfrentamos peligros. Los nuestros no suelen ser aguas embravecidas y osos, pero pueden ser igual de mortales. En esta vida, los creyentes enfrentan peligros diariamente: tentación, pecado, movimientos errados, malas decisiones y desafíos habituales de la vida, como enfermedades, violencia y la muerte de aquellos a quienes amamos.

Para algunos de nosotros, las dificultades pueden surgir cuando un amigo o familiar se enferma, se lastima, o muere, o cuando nosotros o alguien a quien amamos somos excluidos por otros, se le diagnostica cáncer o se enfrenta a la ruina financiera. Independientemente de lo que sea, es seguro decir que vendrán nuestras propias rocas irregulares, lobos y osos. Aun así, cada uno de nosotros tendrá que seguir nadando. Nuestra vida es un nadar contra la corriente, viviendo como extranjeros en este mundo, resistiendo la atracción de la conformidad, eligiendo en cambio romper el molde.

Mientras que los del mundo viven para sí mismos, es tentador ir por el camino fácil: vivir solo para sobrevivir. Es más fácil pasar desapercibidos, no hacer nada que nos haga destacar. Esto a menudo se siente como la opción más segura, y ciertamente es mucho menos probable que la multitud se burle de nosotros o nos margine. Retirarse es una elección, y la mayor parte del tiempo no es fácil.

Considere el momento de Pedro. Si se hubiera quedado sentado cómodamente en el bote, si se hubiera quedado con el grupo, nunca habría saltado por la borda y saltado al agua. Si Pedro hubiera tomado el camino fácil, se habría perdido la oportunidad de ser parte de un milagro. Habría perdido la oportunidad de que su fe creciera al salir y clamar a Dios mientras se hundía.

Hay mucha discusión sobre cómo Pedro perdió la fe y comenzó a hundirse. Sí, es cierto que se desanimó mientras la tormenta rugía a su alrededor, pero también reconoció que estaba en necesidad y que Jesús era quien podía salvarlo. Sí, empezó a hundirse mientras los vientos azotaban y las olas rompían, ¡pero no olvides que estaba ahí fuera! Mientras los otros once hombres estaban en el bote agarrándose unos a otros diciendo: "No voy a para allá", Pedro rompió el molde y saltó por el costado del bote arrojándose al agua.

Una cosa es ver una tormenta desde la cubierta de un barco robusto, y otra verla en medio de las olas" (Otra cosa es sentir la humedad del choque de una ola golpeando tus pies). Pedro en realidad estaba comenzando a hundirse,(katapontizesqai) sumergirse en el mar, 'aunque era pescador y buen nadador' (Bengel). Fue un momento dramático que le arrancó de Pedro el grito: "Señor, sálvame" (Kurie, swson me), y hazlo pronto, significa el aoristo. Podía caminar sobre el agua hasta que vio que el viento arremolinaba el agua a su alrededor.[12]

Al igual que Pedro, podemos caminar sobre el agua. No tenemos que pararnos y sentarnos con el sonido del timbre. Podemos nadar contra la corriente del agua. Si nos sacudimos la parálisis que viene con el miedo y la incertidumbre, podemos ser transformados por la palabra de Dios, caminar por el Espíritu y crecer en Cristo. Necesitamos rechazar la tentación de aferrarnos a la comodidad y, en cambio, abrazar el crecimiento. Debemos caminar hacia donde lo único a lo que podemos agarrarnos es a Cristo.

La historia de Peter no es una de fracaso. Sí, comenzó a hundirse, pero eso es parte de lo que hace que su historia sea de fe y crecimiento. Dio un paso de fe para acercarse a Jesús, y aunque fue turbulento y aterrador, fijó sus ojos en el Señor y caminó hacia Cristo. A medida que se acercaba, apartó los ojos de Jesús y comenzó a hundirse, pero esto solo hizo crecer su fe mientras clamaba y se salvaba. Gracias a Cristo, la experiencia de Pedro fue todo un milagro y, a pesar de la debilidad de Pedro, no fracasó.

La parte hermosa de la historia de Pedro es que Jesús se agachó y lo levantó. Esa es también la belleza de nuestra propia historia. Incluso cuando rugen las tormentas, los vientos

---

[12] A.T. Robertson, *Word Pictures in the New Testament*, vol. 1, *Matthew–Mark* (Nashville, TN: Broadman,1930), 119.

aúllan y las olas se levantan y rompen a nuestro alrededor con un rugido atronador, Jesús nos levanta. Podemos estar asustados en el momento, pero entonces, Jesús nos socorre.

Pedro no se comportó como un seguidor. No retuvo nada, saltó al agua y caminó hacia Jesús. Ningún trabajo, ninguna relación, ningún lazo mundano podría impedirle salir de ese barco y seguir a Cristo. Fue cuando dejó de enfocarse en Jesús y comenzó a enfocarse en sus miedos que su debilidad amenazó con hundirlo. Sabiamente, Pedro llamó a Aquel que podía levantarlo, Aquel que puede salvar.

Afrontemos los hechos. Cuando dejamos de ajustarnos a las formas del mundo, pagamos un precio. Debemos renunciar a nuestra seguridad y comodidad mundanas mientras nos encontramos en un vasto océano con vientos ensordecedores aullando en nuestros oídos, la explosión de las olas rompiendo a nuestro alrededor y nuestro bote demasiado lejos para volver a subir a bordo. Salir de la multitud y salir de la barca tiene un costo, pero confiar en Jesús y seguirlo no tiene precio. En Cristo, recibimos lo que nunca podríamos pagar por nosotros mismos.

Cuando tomamos esta decisión, es solo que Jesús y nosotros trabajemos juntos, uno a uno, con nuestros ojos fijos en Él, paso a paso. Salir de nuestro bote y entrar al agua significa renunciar a nuestro bote por completo. Significa dejar atrás todo lo que había en nuestra barca: comodidad, seguridad, pertenencia, éxito, todo lo que habíamos estado atesorando antes de nuestra relación con Jesús. Este paso de fe es un rechazo a todo lo que nos impedía crecer y seguir a Cristo, todo lo que nos impedía romper los moldes de este mundo. Lucas escribe: "Y decía a todos: Si alguno quiere venir en pos de mí, niéguese a sí mismo, tome su cruz cada día y sígame. Porque el que quiera salvar su vida, la perderá, pero el que pierda su vida por causa de mí, ese la salvará. Pues, ¿de qué le sirve a un hombre haber ganado el mundo entero, si él mismo se destruye o se pierde?'" (Lucas 9:23-25).

¿Por qué parece mucho más fácil seguir a la multitud que seguir a Jesús? Seguir a la multitud en este mundo es simplemente dejarse llevar como un naufragio en el océano, pero seguir a Jesús requiere que tomemos medidas. Podemos tener miedo, podemos tropezar, incluso podemos hundirnos, pero debemos enfocarnos en Aquel que seguimos y salgamos del bote. Seguir a Jesús es tomar nuestras vidas un día a la vez.

Lo que Pablo relata en el resto de Romanos 12 explica lo que significa vivir en contra de la cultura, y si bien lo que escribe era relevante para la cultura de la época, es igualmente relevante para la cultura de nuestro mundo actual. Las cosas no han cambiado tanto como queremos creer. Tanto antes como ahora, vivir en contraste con la cultura tiene menos que ver con los demás y más con Jesús. Es vivir con menos foco en nosotros mismos y más en el amor, con menos racionalización del mundo y más adoración a Dios.

Lucas nos recuerda que esta elección, encajar en el molde del mundo o romper el molde y seguir a Cristo, es una decisión diaria (Lucas 9:23). Nadie vive toda una vida de relación con Jesús habiendo tomado la decisión de seguirlo una sola vez. A veces tenemos que elegir una y otra vez a lo largo del día, o incluso momento a momento.

Las personas a menudo hablan sobre el amor a primera vista, y aunque este tipo de experiencia de amor puede incluir atracción y bondad tempranas, el amor en forma de una relación continua ocurre con el tiempo. El sello distintivo de este tipo de relación amorosa es una conexión profunda que se desarrolla a partir de la experiencia compartida. Crece y se fortalece con el tiempo, y solo se profundiza con la lucha.

Es en este tipo de amor que nos presentamos como un sacrificio vivo y santo a Dios, no una decisión única y hecha, sino una presentación continua. Es una elección que hacemos, una y otra vez, de rendirnos y amar a Jesús más de lo que deseamos la aceptación del mundo. ¿Cómo elegirás vivir?

Podríamos optar por seguir con el cardumen de peces, la misma mirada, el mismo discurso, el mismo descontento, nadando, tratando de no ser tragados. O bien, podríamos elegir desafiar la corriente, esquivar las rocas y eludir a los osos y lobos para brindar la oportunidad de vida a otros como nosotros. Podríamos elegir acomodarnos en el molde, tomando cualquier forma del contexto en el que nos encontremos. O podemos elegir ser este sacrificio que sea aceptable para el Rey.

A medida que nos acercamos al final de nuestra consideración de estos versículos en Romanos 12, nos encontramos en una encrucijada. Apenas estamos comenzando a arañar la superficie, para llegar al momento de la decisión. ¿Qué camino tomarás?

Capítulo Siete

HISTOGENÉSIS

...*sino transformaos mediante la renovación de vuestra mente*... (Romanos 12:2)

¿Alguna vez has considerado la función de la oruga? Son pequeñas criaturas parecidas a gusanos que tienen un solo objetivo, comer. Comen y comen y comen, todo para acumular suficiente energía y reservas de grasa para construir un capullo para que puedan experimentar esa maravillosa metamorfosis y convertirse en lo que realmente deben ser, una mariposa.

Si bien he sido consciente de este proceso de transformación durante muchos años, hasta el día de hoy me sorprende. Que un gusano con dos ojos compuestos de un solo lente, una boca, seis patas y cuatro "prolegs" (que en realidad no son patas sino pinzas) pueda entrar en un capullo, licuarse en una sustancia pegajosa negra de fluidos digestivos y ser creado de nuevo en un ser completamente nuevo es digno de asombro.

Esta espectacular transformación es el resultado de un proceso biológico llamado histogénesis. Una vez que se recrea la oruga, se libera de su capullo para revelarse como una criatura completamente diferente: una mariposa con cuatro alas, seis patas largas, una boca parecida a una paja llamada probóscide, antenas que sirven como orejas y miles de lentes para ojos. Es algo completamente nuevo, pero esta nueva criatura nunca se habría realizado sin el enfoque ferviente e implacable de la pequeña oruga en su único propósito.

Pero hagamos una pausa por un segundo. Regrese a ese término de biología, histogénesis. Esta palabra es en realidad una combinación de dos palabras griegas, *histos* (ἱστός) y *génesis* (γένεσις). Histos del término griego *histémi* que significa "hacer" y génesis que significa "comienzo, nacimiento o vida". Ponga estos dos juntos y es "hacer vida", y eso definitivamente define la vida de este pequeño insecto. De oruga a mariposa, se hace nuevo, se recrea nuevamente en algo nuevo y completamente diferente, pero esta renovación no es solo para las orugas. Dios nos llama al mismo renacimiento en Romanos 12:2. Él quiere ser quien nos moldee, nos desarrolle, nos cambie, nos transforme. Dios quiere que le permitamos hacernos nuevos, y si se lo permitimos, nos hace tan nuevos que somos irreconocibles de nuestro estado original. Como la oruga, podemos pasar de una fea existencia llena de gusanos a una hermosa vida nueva. Dios está en el negocio de la histogénesis.

Desde nuestro renacimiento nos convertimos en consumidores de la palabra de Dios, nos preocupamos por estar ocupados en Su obra, nuestro enfoque se convierte en adoración, y poco a poco nuestra existencia se vuelve una cosa de belleza. Pablo nos asegura que una vez que renacemos en Cristo, ya no somos esa persona vieja, sino que somos completamente nuevos, y explica: "De modo que si alguno está en Cristo, nueva criatura es[a]; las cosas viejas pasaron; he aquí, son hechas nuevas." (2 Corintios 5:17).

El versículo 2 de Romanos 12 comienza declarando dos imperativos para los creyentes que han ofrecido su vida al servicio de Dios: (1) No os conforméis, y (2) Renovad vuestra mente. Ofrecerse o entregarse a Dios establece una nueva forma de vivir. Aprendemos que hay algo que debe evitarse y algo que debe hacerse.

El mundo busca presionarnos en su molde, para conformarnos al pensamiento grupal, la opinión colectiva, los estándares mundanos, la especulación salvaje, las esperanzas sin fundamento, los objetivos inalcanzables, los impulsos egoístas y las aspiraciones inaccesibles, todo lo cual nos presiona desde todas las direcciones. Ser conformado *suschématizó* (συσχηματιζω) es un verbo pasivo que indica que conformarse, o ponerse en un patrón o máscara, es algo que permitimos que nos hagan. El hecho de que el verbo sea imperativo afirma que se nos ordena que no dejemos que eso suceda. Esta palabra describe cómo vivir para el mundo significa alinearse con el mundo, o ponerse una máscara para parecer encajar en el mundo.

Pablo tiene claro que no debemos ceder ante estas presiones, sino que debemos vivir en el mundo sin ser como el mundo. Esta es una distinción crucial porque el mundo quiere controlar cómo somos y cómo vivimos, pero es Dios quien nos transforma y dirige nuestro pensamiento. Él establece nuestras normas y es el fundamento de nuestra esperanza. Esto no siempre es fácil.

Considera las palabras de Pablo que ofrecen una directiva que se aplica a la transformación de nuestra vida diaria.

> Pero vosotros no habéis aprendido a Cristo de esta manera, si en verdad lo oísteis y habéis sido enseñados en Él, conforme a la verdad que hay en Jesús, que en cuanto a vuestra anterior manera de vivir, os despojéis del viejo hombre, que se corrompe según los deseos engañosos, y que seáis renovados en el espíritu de vuestra mente, y os vistáis del nuevo hombre, el cual, en la semejanza de Dios, ha sido creado en la justicia y santidad de la verdad (Efesios 4:20-24).

¿Cómo renueva Dios nuestra mente? ¿Cómo podemos limpiar nuestros cerebros de la corrupción y la basura que en el se alojan? Es sencillo, Dios transforma nuestra mente y nos hace de mente espiritual por Su palabra. Al escuchar la palabra de Dios, meditar en ella, memorizarla, el Espíritu de Dios renueva la mente y el estilo de vida no se conforma, sino que se transforma. Esta mente renovada nos permite vernos a nosotros mismos, a los demás y al mundo desde la perspectiva de Jesucristo y Su cruz, que reemplazará nuestro deleite en nuestros pecados con un odio hacia ellos, y en lugar de rechazar a los pecadores, tendremos un amor por ellos.

Debemos permitir que la palabra transformadora de Dios obre dentro de nosotros y produzca resultados externos en lugar de permitir que las presiones externas nos conformen al mundo para moldearnos. Si meditamos en la palabra de Dios diariamente, influirá en nuestros pensamientos y nos ayudará a crecer más como Jesús diariamente. Este término "transformar" es un verbo pasivo imperativo en tiempo presente. Debemos permitir continuamente que la palabra de Dios trabaje en nosotros y a través de nosotros para transformarnos diariamente. Es la palabra transformadora de Dios que obra dentro de nosotros la que produce un cambio exterior y nos permite romper el molde en el que el mundo trata de mantenernos.

Las palabras "transformar" y "renovar" son verbos. ¡Requieren acción! Nos dicen que no podemos quedarnos sentados esperando, que para que ocurra el cambio debemos participar. Piense en el trabajo en curso de la oruga cuya participación consistía en comer continuamente para mantener el crecimiento necesario para convertirla en una criatura nueva y hermosa. Imagínelo, masticando y masticando mientras almacena el sustento que necesita, tal vez mirando hacia la mariposa en la que se convertiría.

Como la oruga, necesitamos sustento para nuestro crecimiento. Cuando meditamos en la palabra de Dios, esta influye en nuestros pensamientos y nos ayuda a ser cada día más como Jesús. Por eso es imperativo que acudamos a Su palabra diariamente para nuestro sustento, y que permitamos que Su obra se haga en nosotros mientras anticipamos la nueva y hermosa criatura en la que nos convertiremos.

A pesar de las exhortaciones a tomar acciones que produzcan cambios, muchos cristianos no hacen nada. Ignoran el llamado a participar. No viven la verdad de la palabra de Dios ni comen, comen y comen para obtener sustento de ella. Estos cristianos ociosos permanecen quietos, y ellos:

Siguen quejándose
Siguen enojados

Siguen odiando
Siguen inseguro
Siguen luchando
Siguen sin crecer
Siguen no alabando
Siguen no leyendo la palabra
Siguen no mostrando su amor
Siguen no alcanzando a otros para Cristo

Todavía están inactivos, inmóviles, porque todavía no se están transformando. ¡Cada uno de nosotros estamos llamados a continuar renovándonos, transformándonos y a abandonar los "siguen" y volvernos activos en nuestra relación con Jesús!

¿Qué necesitamos cambiar para ser continuamente transformados? Necesitamos salir del molde que nos aprisiona en el pecado, dejar pasar lo viejo, dejar atrás la vieja oruga agusanada para vivir en la nueva vida que es nuestra en Cristo, para ser libres. Nos apropiamos de nuestros pensamientos, palabras y acciones.

En Colosenses, Pablo nos enseña acerca de nuestros pensamientos, escribiendo: "Mirad que nadie os haga cautivos por medio de su filosofía y vanas sutilezas, según la tradición de los hombres, conforme a los principios elementales del mundo y no según Cristo" (2:8). Pablo usa la palabra griega *philosofia* (φιλοσοφια) (la combinación de las dos palabras *philo* —"amor de un amigo" y *sophia*—"sabiduría") que significa "el amor a la sabiduría" para señalar la ruina de poner la sabiduría humana antes o por encima de la de Dios. A medida que nos renovamos, debemos distanciarnos de la sabiduría secular, aislarnos de las sugerencias de nuestros amigos y de los consejos de los programas de entrevistas de la televisión, y alejarnos de los mensajes y libros de autoayuda que nos dicen que encontremos todo lo que necesitamos dentro de nosotros mismos. Pablo nos amonesta a seguir la verdad, que es lo que Cristo enseña a través de la Biblia.

Además de dirigir nuestros pensamientos, Pablo también nos aconseja que cuidemos lo que decimos, escribiendo en Colosenses 4:6: "Que vuestra conversación sea siempre con gracia, sazonada como con sal, para que sepáis cómo debéis responder a cada persona." Él nos está llamando a hablar con amabilidad, a evitar los chismes y a acabar con las maldiciones y las bromas ásperas. Cuando nuestra palabra es como la sal, conserva y realza. De esta forma, los creyentes son amables y misericordiosos con los demás, específicamente con los incrédulos. En este contexto, Pablo se refiere a la conversación e interacción cotidianas. Como creyentes, debemos ser reconocibles por como hablamos.

Nuestras acciones deben ser para la gloria de Dios. Mateo llama a esto nuestra luz, escribiendo: "Así brille vuestra luz delante de los hombres, para que vean vuestras buenas acciones y glorifiquen a vuestro Padre que está en los cielos" (Mateo 5:16). ¡Quita las acciones egoístas y actúa por Cristo!

Nuestra luz debe mostrar a Cristo a los demás. La palabra de Dios nos ofrece una ilustración de esto cuando Jesús llama a cuatro de sus discípulos a cambiar su mentalidad de pescadores a pescadores de hombres. "Y Jesús les dijo: Seguidme, y yo haré que seáis pescadores de hombres" (Marcos 1:17).

Se necesita compromiso para emular a alguien. Recuerdo que cuando mis hijos eran más pequeños, les encantaba vestirse con trajes de Star Wars. Elijah se vestía como Yoda y hacía una pequeña personificación, Naomi se vestía como la princesa Leia e Isaiah como Anakin Skywalker. Corrían por la casa citando líneas de películas y disparando a soldados de asalto que solo estaban en su imaginación. En un día en particular, estaban disfrutando haciendo esto cuando escuché un golpe seguido de un grito.

Aparentemente, Isaiah se metió demasiado en el personaje y se volvió hacia el "lado oscuro" golpeando a Elijah con su sable de luz. Cuando se le preguntó, Isaiah me dijo que Anakin y Yoda son enemigos, y que por eso tuvo que hacerle eso a Elijah. ¡No hace falta decir que terminó su personaje cuando me convertí en Darth Vader! Pero vaya, qué compromiso con el personaje, qué compromiso con convertirse en Anakin. Los niños se vestían, hablaban y actuaban como las personas a las que emulaban. Y si lo analizamos, ¿no es este el mismo tipo de compromiso que Jesús está llamando cuando se nos pide que transformemos nuestras mentes?

Nunca quise ser pastor. Nunca me gustó hablar en público o pararme frente a multitudes. Me gustaba trabajar con mis manos. Crecí haciendo trabajos de construcción y electricidad. Me imaginé quedándome en las sombras, ya sea balanceando un martillo o haciendo cableado en un auto. Nunca soñé que el Señor me pondría de pie ante la gente y compartiría Su mensaje del evangelio. "La mente del hombre planea su camino, pero el Señor dirige sus pasos" (Proverbios 16:9).

¡Ninguno de nuestros planes importa cuando entramos en una relación con Jesús! Cuando nos encontramos con nuestro Salvador, Él nos cambia, y no importa dónde hemos estado o quiénes solíamos ser. Cuando soltamos todo aquello a lo que nos aferrábamos y lo seguimos, Él nos usa. ¡Él usa a todos nosotros, nuestras faltas y nuestros fracasos, nuestros éxitos y nuestros triunfos!

Tenemos nuestros planes, pero Jesús nos llama a cada uno a Su plan, así como llamó a Sus discípulos.

> Y andando junto al mar de Galilea, vio a dos hermanos, Simón, llamado Pedro, y Andrés su hermano, echando una red al mar, porque eran pescadores. Y les dijo*: Seguidme, y yo os haré pescadores de hombres. Entonces ellos, dejando al instante las redes, le siguieron. Y pasando de allí, vio a otros dos hermanos, Jacobo, hijo de Zebedeo, y Juan[c] su hermano, en la barca con su padre Zebedeo, remendando sus redes, y los llamó. Y ellos, dejando al instante la barca y a su padre, le siguieron (Mateo 4:18-22).

¿Alguna vez te has preguntado qué estaban pensando estos primeros discípulos en esos momentos? ¿Cuáles podrían haber sido sus planes para ellos mismos?

Quizás Peter y Andrew planeaban pescar suficiente pescado para alimentarse ellos y a sus familias, y tener un poco de sobra para vender.

¿Qué tal Juan y Santiago? Su plan puede haber sido arreglar lo que estaba roto, remendar las redes para no tener que gastar dinero en otras nuevas. Probablemente trataban de mantener las cosas funcionando el tiempo suficiente para pescar otro día. Vivían en una rutina y con la mentalidad de mantener esa rutina, pero luego vino Jesús y su forma de pensar se transformó.

En ese momento, algo les sucedió a estos dos pares de hermanos que los detuvo en seco y detuvo sus planes. ¡Conocieron a Jesús! "Y les dijo; Seguidme, y yo os haré pescadores de hombres" (Mateo 4:19). En ese momento cambiaron sus planes. Toda su perspectiva de la vida cambió. Llamó a una nueva forma de pensar y un nuevo compromiso de carácter, uno que actúa, piensa y habla como Jesús. Llamó a Pedro y Andrés para que dejaran sus redes y abandonaran sus pensamientos de pescar lo suficiente. Llamó a Juan y Santiago y les pidió que abandonaran sus pensamientos de hacerlo otro día. . . Jesús los llamó a tomar lo que sabían y usarlo para Su reino. ¡Llamó a estos marginados, que estaban muy alejados de la clase alta, a ser pescadores de hombres, a ser seguidores de primera clase del Rey!

Tal vez estés pensando que todo esto está muy bien para Andrés, Santiago, Juan y Pedro; después de todo, eran apóstoles. Y puede preguntarse, ¿cómo podría yo, alguien común como yo, estar en la misma liga con ellos? Ten en cuenta que ellos también a veces se mostraron reacios a seguir, se mostraron reacios a ser cambiados y, tal como lo hacemos a menudo, se resistieron.

> Y aconteció que mientras la multitud se agolpaba sobre Él para oír la palabra de Dios, estando Jesús junto al

lago de Genesaret, vio dos barcas que estaban a la orilla del lago, pero los pescadores habían bajado de ellas y lavaban las redes. Subiendo a una de las barcas, que era de Simón, pidió que se separara de tierra un poco; y sentándose, enseñaba a las multitudes desde la barca. Cuando terminó de hablar, dijo a Simón: Sal a la parte más profunda y echad vuestras redes para pescar. Respondiendo Simón, dijo: Maestro, hemos estado trabajando toda la noche y no hemos pescado nada, pero porque tú lo pides, echaré las redes. Y cuando lo hicieron, encerraron una gran cantidad de peces, de modo que sus redes se rompían; entonces hicieron señas a sus compañeros que estaban en la otra barca para que vinieran a ayudarlos. Y vinieron y llenaron ambas barcas, de tal manera que se hundían. Al ver esto, Simón Pedro cayó a los pies de Jesús, diciendo: ¡Apártate de mí, Señor, pues soy hombre pecador! Porque el asombro se había apoderado de él y de todos sus compañeros, por la redada de peces que habían hecho; y lo mismo les sucedió también a Jacobo y a Juan, hijos de Zebedeo, que eran socios de Simón. Y Jesús dijo a Simón: No temas; desde ahora serás pescador de hombres. Y después de traer las barcas a tierra, dejándolo todo, le siguieron (Lucas 5:1-11).

Lo que debemos recordar es que incluso en su resistencia, Jesús buscó a Andrés, Santiago, Juan y Pedro, y Él hace lo mismo por ti y por mí.

Estos hombres estaban exhaustos por un día largo y duro que los dejó sin nada que mostrar. Entonces, Jesús, un carpintero de oficio, viene diciendo a estos pescadores cómo hacer su trabajo. Pedro era muy consciente de que el tiempo para pescar había pasado por el día, pero de todos modos le sigue la corriente a este carpintero. Considere la manera en que Pedro responde a la instrucción de Jesús. Si leemos entre líneas podemos imaginarlo en el lenguaje de hoy: "Oiga, señor carpintero, me gano la vida con esto y sé cómo funciona. Ya hemos hecho todo lo que podemos hacer, pero está bien, hagámoslo".

Inmediatamente, Jesús le dio a Pedro una pesca enorme, redes repletas de peces. Con una pesca tan grande lista para el mercado, Jesús vuelve a llamar a Pedro: "Sígueme". Esta vez Pedro entiende, deja sus tesoros y comodidades terrenales para seguir a Jesús.

El llamado de Jesús a Pedro es para romper el molde de su pensamiento de hacer lo que sea necesario para sobrevivir y, en cambio, dirigir sus pensamientos hacia Él. Es un cambio de supervivencia a vivir más allá de la supervivencia, a vivir diariamente con un propósito, con el propósito de ser más como Cristo.

"Dejándolo todo, lo siguieron - Lo habían seguido antes, [ver] Juan 1:43, pero no como para abandonarlo todo".[13] Al principio se aferraron a sus vidas regulares. Aunque lo siguieron, no lo habían rechazado todo y no habían tomado la decisión de seguir a Jesús a cualquier precio.

Lo siguieron, pero cuando se volvió incómodo, volvieron a seguir sus viejas costumbres. Cuando tenían hambre, seguían a sus vientres. Cuando no tenían dinero, siguieron con su trabajo generador de ingresos. Cuando se cansaron siguieron sus almohadas. Al principio cayeron en el molde del mundo, pero finalmente se dieron cuenta de lo que Jesús los estaba llamando a hacer, a seguirlo y cambiar su forma de pensar de ser pescadores (supervivencia), a ser pescadores de hombres (semejantes a Cristo). Fue entonces cuando dejaron atrás su antigua vida para seguir a Jesús.

Seguir significa tomar la guía e instrucción de alguien. Es un compromiso total, y es sin vacilaciones ni excusas. La vida anterior de Pedro lo convirtió en la elección correcta para ser

---

[13] John Wesley, "*Wesley's Explanatory Notes.*" Bible Study Tools, (1754–1765), http:www.biblestudytools.com/commentaries/wesleys-explanatory-notes/luke-9.html (accessed July 10, 2011).

un pescador de hombres como Jesús quería que fuera porque era un hombre terco, tosco y apasionado todos los días (Hechos 4:13). Como Pedro se negó a sí mismo para seguirlo (Lucas 9:23), Jesús vio a Pedro como el vaso perfecto para darle gloria.

No importaba entonces y no importa ahora cuál es nuestro nivel de educación o cuál es nuestra apariencia física, o cualquier otra medida mundana de valor, importancia o influencia. Lo que importa es que estemos dispuestos a salir de nuestra zona de comodidad, a dejar nuestro orgullo, a dejar nuestros deseos, a dejarlo todo y seguir a Jesús.

El deseo de Jesús es que cada uno de nosotros abandone la excusa de que no somos adecuados para el trabajo, que dejemos de decirnos a nosotros mismos y, por extensión, de decirle a Él: "No puedo, porque soy ordinario". Al comprender que lo ordinario es extraordinario a los ojos de Jesús, cada uno de nosotros puede comenzar a ver su vida a través de Su lente, y cada uno puede comenzar a ver que Cristo nos ha equipado para ser pescadores de hombres.

A medida que dejamos de modelarnos en el molde del mundo, dejamos de hablar, vestirnos y actuar como el resto del mundo. Jesús desea que cada uno de nosotros rompa el molde de lo que el mundo nos dice que somos, y nos veamos a nosotros mismos a través de Sus ojos. Él quiere que cada uno de nosotros seamos una persona que ve cada encuentro, cada oportunidad, cada tarea, cada momento con un significado eterno, para ser una persona que busca Su propio corazón en todas las cosas. Es esta perspectiva, esta visión, la que rompe el molde y la que mejor refleja la renovación de nuestra mente que encarna nuestra transformación (Romanos 12:2).

No debemos conformarnos al molde de otras personas o al molde de la sociedad y la cultura, porque Dios quiere ser quien nos moldee, nos desarrolle, nos cambie, y en las palabras de Romanos 12:2, nos transforme. Dios quiere que cada una de nuestras vidas sea un ejemplo único para Su gloria, y para cada uno de nosotros Él ya ha dado mucho.

A lo largo de la historia humana registrada en la Biblia, solo hay dos ocasiones en las que un padre se enfrentó a sacrificar a su hijo. El primero de los dos es Abraham. Este padre fue probado para ver si amaba a su hijo, Isaac, más de lo que amaba a Dios; no lo hizo. Cuando Abraham levantó el cuchillo para clavárselo a su único hijo, Dios lo detuvo e Isaac se salvó.

El segundo es Dios mismo y su Hijo, Jesús, a quien no perdonó. El sacrificio de Dios es un testimonio del hecho de que Él nos ama tanto a cada uno de nosotros que permitió que Su único Hijo fuera clavado en una cruz, sangrara y muriera, todo para demostrar Su gran amor por nosotros.

Ahora es nuestro turno. Es hora de que cada uno de nosotros nos arrastremos sobre el altar y nos postremos para mostrar nuestro amor por Él. Es hora de demostrar que lo amamos por encima de la carne, la familia, el trabajo, el dinero y las cosas. Es hora de que seamos cambiados de un pecador egoísta a un hijo de Dios. Es hora de ser cada día más como Cristo. Es hora de cambiar nuestra mente, cambiar nuestras acciones, cambiar nuestras vidas y vivir para Su gloria. Permite que Dios reorganice tu vida. Permítele que inicie la histogénesis de transformar tu vida, tu mente, tu forma de hablar y tus acciones.

Capítulo Ocho

PERMANECE EN SU VOLUNTAD

...para que verifiquéis cuál es la voluntad de Dios...
(Romanos 12:2)

¡He escuchado a parejas que han estado casadas por mucho, mucho tiempo decir que la clave o el truco para un matrimonio duradero es mantenerse enamorado! He pensado en esto y he luchado con esto a lo largo de los años. Hoy, después de dos décadas de matrimonio, finalmente entiendo lo que esas parejas querían decir. La idea de permanecer enamorado a menudo se asocia con tarjetas, flores o chocolates. También se ha relacionado con la atracción física del amor, la sensación de tener mariposas en el estómago. Sin embargo, la clave no son las mariposas ni los regalos. La clave es permanecer en el amor que tienes. Así es como permaneces enamorado.

La verdadera clave para permanecer enamorado es amar como has sido amado y permanecer en el amor que se te ha dado. Jesús dice,

> Si permanecéis en mí, y mis palabras permanecen en vosotros, pedid lo que queráis y os será hecho. En esto es glorificado mi Padre, en que deis mucho fruto, y así probéis que sois mis discípulos. Como el Padre me ha amado, así también yo os he amado; permaneced en mi amor. Si guardáis mis mandamientos, permaneceréis en mi amor, así como yo he guardado los mandamientos de mi Padre y permanezco en su amor. Estas cosas os he hablado, para que mi gozo esté en vosotros, y vuestro gozo sea perfecto (Juan 15:7-11).

¡La manera de permanecer enamorado de Dios no es permanecer enamorado de Jesús, sino permanecer en el amor de Jesús! No dice ámenme más, o amen más mi palabra o ámense más unos a otros. El pasaje dice permanece, quédate, mora en él, no te vayas, mi amor.

Hace mucho tiempo, en los días antes de que los teléfonos celulares y las computadoras domésticas fueran comunes, cuando se accedía el Internet por marcación y todos usábamos impresoras manuales llamadas máquinas de escribir, recuerdo que mi hermano intentó tener una relación a larga distancia con la sobrina de un vecino en Canadá. En aquellos días, las llamadas telefónicas internacionales eran prohibitivamente caras y el correo electrónico no era lo suficientemente común como para ser una opción. Entonces, mi hermano y su novia no tenían otra forma de comunicarse y expresar su amor mutuo que las hoy anticuadas cartas postales y que cariñosamente se conocen como "correo paso de caracol".

Recuerdo un fin de semana que le estaba contando a todos sus amigos sobre su increíble novia, pero no sabía que la carta ya estaba en el correo. Todavía no había llegado, pero la noticia de que ella había roto con él estaba en camino. Probablemente no debería habernos sorprendido a ninguno de nosotros. Sin conversación en persona, sin tomarse de la mano, sin experiencias compartidas y sin nada más atado que una carta escrita a mano para sostenerlo, su amor juvenil estaba destinado al fracaso.

La relación de mi hermano no logró echar raíces porque él y su novia estaban demasiado lejos el uno del otro, no podían conocerse profundamente y simplemente no estaban en contacto con regularidad. Lo mismo es cierto para muchos creyentes; están en una relación a larga distancia con Jesús. No están en contacto personal a través de la oración y el estudio, y no están viviendo experiencias compartidas con Jesús por sus decisiones y estilo de vida.

¿Cómo terminamos nuestra relación a larga distancia con el Salvador? Juan 15:7 lo aclara. El camino hacia una relación personal próspera con Jesús es permanecer en Él y permitir que Su palabra permanezca en nosotros. En este versículo, Jesús ordena "permaneced en mí", y la palabra griega utilizada es *meinéte* (μείνητε), que significa "continuar estando presente". Jesús nos está diciendo que necesitamos estar presentes, estar cerca, permanecer.

¿Cómo permanecemos presentes y cerca de Jesús? Jesús mismo proporciona las respuestas. En Juan 15 Él dice: "Yo soy la vid verdadera, y mi Padre es el viñador. Todo sarmiento que en mí no da fruto, lo quita; y todo el que da fruto, lo poda para que dé más fruto" (vv. 1-2). Cuando Jesús habla de la rama que lucha y no da fruto, en español "quita" es una mala traducción. La palabra que usó Jesús fue αἴρει (airei) y significa "levantar", "recoger". Es la misma palabra que Jesús dice acerca de tomar tu cruz para seguirlo en Lucas 9 y en Mateo 11 cuando dice dame tu carga y toma la mía porque es fácil de llevar y ligera de llevar. ¡Es un sostener, un levantar, es una distribución de peso! ¡Es de donde obtenemos la palabra aire!

Y Dios al verte arrastrado por la tierra por la vida y el pecado quiere levantarte. Pero para que se lleve a cabo este milagro de crecimiento hacia el Hijo, necesitamos aprender lo que significa estar en una relación. ¡Tenemos que apreciar lo que tenemos y nutrirlo!

El relato de Juan sobre las palabras de Jesús continúa:

> Vosotros ya estáis limpios por la palabra que os he hablado. Permaneced en mí, y yo en vosotros. Como el sarmiento no puede dar fruto por sí mismo si no permanece en la vid, así tampoco vosotros si no permanecéis en mí. Yo soy la vid, vosotros los sarmientos; el que permanece en mí y yo en él, ese da mucho fruto, porque separados de mí nada podéis hacer. Si alguno no permanece en mí, es echado fuera como un sarmiento y se seca; y los recogen, los echan al fuego y se queman (Juan 15:3-6).

Tengan en cuenta la relación de la vid y las ramas. Algunas ramas se levantan, creciendo hacia el sol, dando fruto y disfrutando de la vida en la vid. Pero hay otros que se quedan abajo, separándose del crecimiento de arriba, de dar el peso de la carga a la vid, ¡y corren el riesgo de separarse y secarse!

Hubo un tiempo en que cultivé enredaderas de frambuesas negras, y recuerdo el proceso que había que hacer. El invierno significaba horas dedicadas a cortar y podar cuidadosamente las ramas. Era un trabajo que consumía mucho tiempo, definitivamente no era un trabajo fácil, pero cuando llegaba la primavera, las ramas comenzaban a florecer y, para el verano, estaban repletas de fruto. Curiosamente, cuando comenzó la cosecha de frutos, olvidé el arduo trabajo que había hecho con las ramas. Estaba emocionado y feliz de cosechar la dulce fruta, y recuerdo que pensé que valía la pena el esfuerzo que había realizado durante los primeros días.

Sin embargo, el trabajo no terminó ahí. Durante el verano, a medida que crecían las ramas, tenían la tendencia de alargarse demasiado y comprimirse, causando que se hundieran en la tierra. Tendría que seguir atando las ramas a palos, postes y cercas para evitar que arraigaran directamente en la tierra. Si no siguiera cuidándolos, ya no obtendrían su sustento de las raíces grandes y gruesas de la vid que los había sustentado. En cambio, intentarían confiar en su propia raíz pequeña y superficial recién sumergida en la tierra. Si se dejara que las ramas se valieran por sí mismas en lugar de depender de la vid, perecerían. Las ramas siempre estaban tratando de establecer sus propias raíces en la conexión superficial con la tierra, pero no podían sobrevivir de esa manera. La vida de las ramas estaba inexorablemente ligada a la vid.

Esta no es una advertencia de perder la salvación. Esta no es una advertencia de ser enviado al infierno. Esta es una advertencia de perder la relación con su Salvador. Permanece en la fuente de esa salvación y en la fuente de ese crecimiento. ¡Si te separas del amor por la suciedad del mundo te volverás duro y quebradizo a lo que el Señor te ofrece! Nos volvemos como la madera seca de esas ramas enraizadas. Cuando Él trata de alcanzarnos, la relación se ha enfriado y se ha cortado. Aunque Él trata de alimentarnos, nuestras almas secas no absorben Su sustento.

Si esto le suena familiar, anímese. Jesús no se da por vencido con nosotros. Él sigue intentándolo. Él continúa haciendo un recorte de las partes muertas en la vida de cada creyente. Cualquiera que haya tenido plantas frutales sabe que la poda regular es esencial porque ayuda a que las ramas produzcan más frutos.

Cuando se eliminan todas los pedazos y trozos innecesarios, ya no se gasta energía valiosa en esfuerzos inútiles. Por lo tanto, toda la fuerza de la rama se dirige hacia el propósito: dar fruto. Ser podado es bueno para las ramas porque ya no necesitan gastar su energía en el crecimiento frondoso superficial que no produce nada y se cae con el primer soplo de una brisa.

Amigos, cuando perseguimos cosas que no durarán, cuando ponemos nuestro foco en las comodidades temporales y los deseos egoístas, desperdiciamos nuestra energía fructífera y perdemos de vista nuestro propósito divino, que es glorificar a Dios con nuestra vida. Si nos enfocamos en la popularidad, la aceptación, el dinero, el estatus y las cosas materiales, solo tenemos un crecimiento frondoso superficial que es barrido por el viento más leve. Estos fragmentos y pedazos inútiles agotan nuestra energía, nos agobian y nos dejan sin frutos.

> Ahora bien, si sobre este fundamento alguno edifica con oro, plata, piedras preciosas, madera, heno, paja, la obra de cada uno se hará evidente; porque el día la dará a conocer, pues con fuego será revelada; el fuego mismo probará la calidad de la obra de cada uno. Si permanece la obra de alguno que ha edificado sobre el fundamento, recibirá recompensa. Si la obra de alguno es consumida por el fuego, sufrirá pérdida; sin embargo, él será salvo, aunque, así como por fuego (1 Corintios 3:12-15).

¿Cómo prosperamos? Nos quedamos enamorados. Nos quedamos enamorados de Aquel que nos ama. Nos quedamos donde somos cuidados, donde somos nutridos y podados para que podamos dar fruto y cumplir nuestro propósito. Nos mantenemos en la relación que importa, porque Jesús está allí esperándonos. Permanezcamos en Su amor.

La historia del hijo pródigo es una parábola del amor del Padre. El hijo pródigo toma sus posesiones mundanas y se va a sumergir en la inmundicia y la decadencia del mundo. ¿Por qué era susceptible? ¿Por qué sufrió? Porque se separó del amor de su padre. La buena noticia es que todo lo que tenía que hacer para ser restaurado a su posición como el hijo amado era regresar, comprometerse una vez más con el amor de su padre. En ese momento, una vez más estaba empapado y sumergido en el amor. Este es el amor de Dios por nosotros.

Lo que hace que las relaciones fracasen y las familias se desmoronen es la creencia de que hay otro amor, un amor mejor, en otro lugar, en algún lugar allá afuera. Este no es el enfoque de Jesús para las relaciones en la familia de Dios. Él dice: "Como el Padre me ha amado, así también yo os he amado; permaneced en mi amor" (Juan 15:9). Él nos invita a quedarnos y nos dice cómo hacerlo. No solo esto, Él se ofrece a sí mismo como nuestro ejemplo: "Si guardáis mis mandamientos, permaneceréis en mi amor, así como yo he guardado los mandamientos de mi Padre y permanezco en su amor" (Juan 15:10). Jesús nos está diciendo que si permanecemos en Su amor, es decir, si nos quedamos donde estamos y nos sumergimos en Su palabra, si la leemos, experimentamos, cantamos y oramos al respecto, mantenemos el amor. Lo transmitimos.

Hay cuatro acciones que nos ayudan a permanecer firmes en el amor de Jesús, cuatro cosas que hacer que mantienen fuerte el vínculo del amor. La primera es leer Su palabra. Cuando Jesús dice: "Si permanecéis en mí, y mis palabras permanecen en vosotros" (Juan 15:7a), podemos ver que debemos dejar que Su palabra sature nuestras vidas y se refleje en nuestro estilo de vida. Permanecemos en el amor de Jesús al leer y conocer

Su palabra. David dijo: "En mi corazón he atesorado tu palabra, para no pecar contra ti" (Salmo 119:11). La palabra de Dios no solo nos muestra dónde nos equivocamos, también nos guía a enfocarnos en lo que es correcto, en el amor de Dios por nosotros, y a tener siempre presente cómo se demostró Su amor en la cruz del Calvario.

Cuando permanecemos en el amor de Jesús, no solo estamos leyendo y conociendo la palabra de Dios, sino viviendo de acuerdo con ella. Debemos usar la palabra de Dios para que nos guíe en sabiduría y entendimiento, para usar la Biblia como una herramienta de navegación, como instrucción en tiempos de confusión o indecisión. El salmista reconoció esto cuando escribió: "Lámpara es a mis pies tu palabra, y luz para mi camino" (Salmo 119:105).

Sin embargo, no tenemos que resolver todo por nuestra cuenta. Tenemos un modelo a seguir, un ejemplo en todas las cosas. Solo necesitamos preguntarnos, ¿qué haría Jesús? La Biblia es la propia palabra de Dios, provista para nuestra edificación y para nuestra maduración en nuestra relación con Jesús. Como creyentes, debemos buscarla, de hecho, anhelarla; "desead como niños recién nacidos, la leche pura de la palabra, para que por ella crezcáis para salvación," (1 Pedro 2:2). Cuando permitimos que la palabra more en nosotros, podemos crecer, ser guiados y adquirir sabiduría.

La segunda acción es pedir y recibir orando en Su nombre. Juan 15:7 dice: "pedid lo que queráis y os será hecho". Esta es la promesa para nosotros que solo necesitamos pedir. Simplemente necesitamos llevar nuestra petición a Jesús. Para que el amor de Dios se quede con nosotros o permanezca con nosotros, necesitamos estar orando. Debemos presentar nuestras peticiones ante el Señor en oración, y también creer que nuestras oraciones son contestadas. Jesús mismo nos dice: "Por eso os digo que todas las cosas por las que oréis y pidáis, creed que ya las habéis recibido, y os serán concedidas" (Marcos 11:24). Cuando ores, cree que Dios puede hacer lo que pides.

Al mismo tiempo, no podemos esperar llamar a Dios como si fuera un número de marcación automática. No es como si llamamos y simplemente presionamos 1 para bendiciones, 2 para consuelo, 3 para perdón, 4 para fortaleza y 5 para curación. Las expectativas de este mundo pueden llevarnos a pensar que cuando le pedimos a Dios deberíamos escuchar una respuesta inmediata, o al menos escuchar una voz automatizada que diga: "Eres el 110 que pregunta, tu oración es importante para nosotros. Por favor, quédese en la línea y pasarán aproximadamente 219 minutos antes de que se responda a su petición".

Este mensaje de espera puede ser aceptable al buscar asistencia de plomería o esperar a su agente de seguros, pero Jesús dice que no debemos llamar al servicio de contestador. Él dice: "Contáctame directamente, llama a mi celular, envíame un mensaje de texto, mi teléfono siempre está encendido, siempre estoy escuchando". "Y todo lo que pidáis en mi nombre, lo haré, para que el Padre sea glorificado en el Hijo. Si me pedís algo en mi nombre, yo lo haré" (Juan 14:13-14).

Además de leer y aprender Su palabra, y pedir con fe en el nombre de Jesús, la tercera acción es ser fructífero. Nuestro propósito es glorificar al Padre, sacando alabanza de nuestra boca y de la boca de los demás, este es nuestro fruto. "En esto es glorificado mi Padre, en que deis mucho fruto, y así probéis que sois mis discípulos" (Juan 15:8). El fruto que llevamos prueba que somos Sus discípulos. Significa que hemos aprendido de Él y vivimos para Él.

Cuando alguien planta una semilla de mango lo hace con la intención de cultivar mangos. Nadie planta una semilla de mango esperando que produzca coliflor; sería una gran decepción. No, cuando plantamos un mango, esperamos disfrutar de la fruta del mango. Esperamos la piel verde/roja de un mango, la pulpa amarilla brillante de un mango, el olor dulce y delicioso de un mango y el sabor jugoso y delicioso de un mango.

En Cristo Jesús es exactamente lo mismo. Debido a que estamos en Su árbol, en Su familia, Él espera que demos el mismo tipo de fruto que Él produce. "Mas el fruto del Espíritu es amor, gozo, paz, paciencia, benignidad, bondad, fidelidad, mansedumbre, dominio propio; contra tales cosas no hay ley" (Gálatas 5:22-23).

Esta es una lista de dones espirituales que identifica las características reconocibles de nuestro fruto espiritual. Nuestro fruto está relacionado con Jesús, por lo que somos reconocibles de la misma manera que el sabor, la vista, la textura y el olor del mango se diferencian del de la coliflor. Como cristianos, nuestras vidas deben diferenciarse fácilmente.

Cuando Dios ve nuestras vidas, sabe a qué familia pertenecemos, y de la misma manera, cuando otros nos ven como parte de la familia de Dios, también quieren ser parte de ella. ¿Por qué quieren tener lo que tenemos? Porque miran cómo vivimos. Nuestras vidas no están exentas de pruebas o desafíos, pero es la forma en que vivimos esos momentos o estaciones lo que nos hace diferentes.

Otros ven por sí mismos que nuestras vidas están unidas a nuestra familia de Dios. Pueden pensar: "él es tan amable", o "ella es un gozo", o "son personas tan generosas". Tal vez se pregunten cómo encontramos paz en circunstancias difíciles mientras mantenemos nuestra fe en las pruebas de esta vida. Es en nuestras circunstancias que estamos dando frutos, cuando la gente ve quiénes somos y cómo vivimos. Es entonces cuando otros piensan: "Quiero lo que ellos están tomando".

Nuestro testimonio es nuestra vida, nuestras acciones y nuestra disposición a compartir la obra que Dios ha hecho en nuestra vida. Así es como testificamos a los incrédulos y los invitamos a recibir las buenas nuevas del evangelio. A través de nuestras vidas, el Espíritu Santo atrae a las personas a la salvación en Cristo. El Espíritu Santo está obrando a través de nosotros, pero nuestro trabajo es solo plantar semillas, abrir la boca y transmitir el bien de Dios que nos ha transformado.

La cuarta acción es vivir según los mandamientos de Jesús. Pero, no confundas esto con la Ley de Moisés. En Juan 15:10 Jesús dice: "Si guardáis mis mandamientos, permaneceréis en mi amor, así como yo he guardado los mandamientos de mi Padre y permanezco en su amor."

Entonces, ¿cuáles son los mandamientos de Jesús?

> Un mandamiento nuevo os doy: que os améis los unos a los otros; que como yo os he amado, así también os améis los unos a los otros (Juan 13:34).

> No te asombres de que te haya dicho: «Os es necesario nacer de nuevo» (Juan 3:7).

> Este es mi mandamiento: que os améis los unos a los otros, así como yo os he amado (Juan 15:12).

Los mandamientos de Jesús son: (1) confiar en Él para la salvación, (2) permanecer en Su amor, (3) amar a la familia de Dios y (4) ¡amar a los demás! Así es como nos mantenemos asentados en el amor de Jesús, cómo nos mantenemos enamorados de Él y cómo seguimos enamorándonos de Él una y otra vez. Y la belleza de todo esto es que cuando nos enamoramos perdidamente de Jesús a través de estas cuatro áreas, hay una promesa para nuestra vida al final del pasaje en Juan 15. Lea el pasaje completo nuevamente.

> Si permanecéis en mí, y mis palabras permanecen en vosotros, pedid lo que queráis y os será hecho. En esto es glorificado mi Padre, en que deis mucho fruto, y así probéis que sois mis discípulos Como el Padre me ha amado, así también yo os he amado; permaneced en mi amor. Si guardáis mis mandamientos, permaneceréis en mi amor, así como yo he guardado los mandamientos de mi Padre y permanezco en su amor. Estas cosas os he hablado, para que mi gozo esté en vosotros, y vuestro gozo sea perfecto (Juan 15:7-11).

Ahora, concentrémonos en el versículo 8, "y así probéis que sois mis discípulos". Están diciendo, "la prueba está en el pudín". Este es un viejo dicho para hacer que las personas prueben alimentos que normalmente no probarían debido a su apariencia. El pudín se ve repugnante, pero cuando uno lo prueba, su opinión cambia. La prueba de que es bueno viene de intentarlo. Creo que para el creyente deberíamos decir, "la prueba está en poner", porque necesitamos poner la palabra de Dios en acción, nuestra fe en acción y nuestras vidas en acción. ¡Demostramos ser seguidores de Jesús permaneciendo en la palabra, orando y dando fruto y nada de eso puede suceder si no estamos siendo transformados por la palabra de Dios, aplicándola y actuando en ella!

La palabra de Dios es el medio por el cual Su voluntad se transmite en nuestras vidas. Es como Él comunica Su plan para todas las áreas de nuestra vida y de este mundo. Y a los creyentes se les enseña a buscar activamente hacer Su voluntad, vivir Su voluntad y orar por Su voluntad. "Vosotros, pues, orad de esta manera: «Padre nuestro que estás en los cielos, santificado sea tu nombre. Venga tu reino. Hágase tu voluntad, así en la tierra como en el cielo»" (Mateo 6:9-10). Cuando la oran los creyentes, esta oración es una declaración de fe y un compromiso de que durante el tiempo que sea necesario hasta que estemos presentes con Él, viviremos para Él.

Me encanta ir a visitar a mis padres en Titusville. Pasamos horas meciéndonos en el balcón, bebiendo café y hablando. Sin embargo, incluso mientras lo hacemos, mi mamá no se queda quieta; ella siempre está en movimiento. Ella no permite que se desperdicie un momento. Anteriormente compartí que mi mamá es alguien que limpia, mejor dicho, realmente limpia. En su mundo, si no huele a blanqueador, no está limpio. Podemos estar hablando tarde en la noche y ella estará limpiando el mostrador de la cocina mientras conversa. Cuando nos preparamos para ir a la iglesia, ella tiene todas las sillas encima de la mesa del comedor mientras friega. ¡Simplemente no puedes evitar que mi mamá limpie! Nunca está ociosa, siempre aprovecha los momentos intermedios para lograr algo bueno.

Esta es la mentalidad que estamos llamados a tener como creyentes. Mientras estamos esperando, podemos hacer algo de limpieza. Mientras estemos esperando el regreso de Cristo, podemos usar el tiempo intermedio para hacer algo de limpieza en nuestras vidas. Podemos eliminar el mal vivir y vivir de acuerdo con la palabra de Dios. Podemos barrer la suciedad de la lujuria y la codicia, para vivir una vida de servicio a Dios. Y podemos eliminar nuestra culpa, ira y amargura, y pulirla para convertirla en perdón, amor y misericordia. "Pues para mí, el vivir es Cristo y el morir es ganancia. Pero si el vivir en la carne, esto significa para mí una labor fructífera, entonces, no sé cuál escoger," (Filipenses 1:21-22).

Esperamos estar en la presencia de Jesús con anticipación y emocionados, pero mientras esperamos, debemos ser útiles y productivos con nuestras vidas. Así debe ser nuestra oración si debo esperar ese tiempo de libertad, Señor, entonces deja que la libertad y la gracia se vivan en mi vida. Déjame trabajar por tu reino aquí en la tierra. Déjame ser tu embajador en el reino que no pasará. Cuando Pablo dijo que era un embajador en Efesios 6:20, estaba diciendo que él era el extranjero, que hablaba y vivía en una tierra extranjera en nombre de su Rey. Cuando hablo es por El, cuando trabajo, vivo, y como actúo habla por El y Su reino. En otras palabras, estoy viviendo la voluntad de Dios en la tierra. Estoy viviendo para Él.

Para orar esta oración con algún significado en nuestras vidas, con algún impacto en las palabras, debemos averiguar, ¿qué es un testamento? *Thelema*, en griego, significa "una petición, deseo o anhelo, algo que uno quiere". En esencia, lo que estás diciendo en Mateo 6:10 es: "Dios, lo que quieres que se haga, que suceda en la tierra, como en el cielo. Lo que quieres sucede".

Para nosotros, esto significa que en cada circunstancia debemos buscar oportunidades para impactar el reino de Cristo. Después de todo, esta es la oración que ofrecemos al Padre:

"Venga tu reino" (Mateo 6:10). Su reino vendrá, esto lo sabemos por la fe. Entonces, mientras tanto, nuestras vidas son para trabajar por Su reino aquí en la tierra, para ser un embajador de Su reino que nunca pasará.

Esta es una petición de oración a los creyentes de Éfeso, "y orad por mí, para que me sea dada palabra al abrir mi boca, a fin de dar a conocer sin temor el misterio del evangelio, por el cual soy embajador en cadenas; que al proclamarlo hable con denuedo, como debo hablar" (Efesios 6:19-20).

En otras palabras, Pablo está diciendo que está felizmente en cautiverio por su trabajo en favor de Jesús. De hecho, su preocupación no es en absoluto por sus cadenas, sino por no ser tímido o reservado. Pidió oraciones para tener el valor de hablar clara y valientemente sobre el evangelio.

Pablo destaca que él está viviendo la voluntad de Dios en la tierra, viviendo solo para Él, respondiendo a Su llamado y haciendo Sus deseos, no como esclavo o siervo, sino como el delegado de Dios para los perdidos. Pablo es un modelo para nuestro trabajo, y de su ejemplo podemos modelar nuestras propias acciones. Así como mi mamá siempre está en movimiento para mantener una casa limpia, debemos buscar cada oportunidad para ser útiles y productivos para Su reino, incluso mientras esperamos.

En esencia, la oración que Jesús nos enseña en Mateo 6:10 es como los creyentes de hoy en día diciendo: "Dios, lo que quieras que se haga, que eso suceda en la tierra, de la misma manera que lo que quieras es lo que sucede en el cielo". Para orar esta oración de manera auténtica, con significado e impacto para nuestras vidas, debemos entender que la palabra griega que se encuentra en este versículo es *thelēma* (θέλημα); esto es un deseo. Esto es importante, porque significa que nuestra oración es que participemos activamente en la voluntad de Dios en nuestras vidas. Esta oración pide que el deseo de Dios mismo se cumpla en este mundo, así como los deseos de Dios son cumplidos con alegría por los ángeles en el cielo.

Por supuesto, la voluntad de Dios no siempre es fácil, y eso es cierto ya sea que el que hace Su voluntad sea humano o angelical. Por ejemplo, en Daniel 10, Dios envió un ángel para entregarle un mensaje a Daniel, pero el ángel fue asaltado por un ejército de demonios durante veintiún días; el ángel describe: "Mas el príncipe del reino de Persia se me opuso por veintiún días, pero he aquí, Miguel, uno de los primeros príncipes, vino en mi ayuda, ya que yo había sido dejado allí con los reyes de Persia" (v. 13).

Hacer la voluntad de Dios en la tierra a veces es difícil y, como leemos en Daniel 10, también puede ser un desafío para los ángeles. Es importante tener en cuenta que incluso cuando se involucra un ejército de demonios, los ángeles encuentran la manera de hacer la voluntad de Dios porque quieren que se haga. También tenemos que querer que se haga la voluntad de Dios. Tenemos que quererlo lo suficiente como para abrirnos camino. Como los ángeles, tenemos que querer hacerlo, y cuando realmente quieres hacer algo, se hace.

¿Entonces, que hacemos? Para hacer que el camino de la vida sea más cómodo para caminar, Dios nos dejó un modelo en Su palabra. Somos amados, y Dios no quiere que ninguno de nosotros se pierda. Su deseo es que todos y cada uno de nosotros creamos en Jesús y en el hecho de que Él murió por nosotros, y por lo tanto seamos salvos. Pedro nos dice que Dios "no queriendo que nadie perezca, sino que todos vengan al arrepentimiento" (2 Pedro 3:9).

¿Cuál es la voluntad de Dios para nuestras vidas? Como leemos en Romanos 12:2, "Y no os adaptéis a este mundo, sino transformaos mediante la renovación de vuestra mente, para que verifiquéis cuál es la voluntad de Dios: lo que es bueno, aceptable y perfecto." La voluntad de Dios es que seáis transformados por Su palabra y no conformados al mundo.

¿Estamos tratando de agradar a Dios y hacer Su voluntad en nuestras vidas incluso cuando nos quedamos cortos? "Porque la tristeza que es conforme a la voluntad de Dios produce un arrepentimiento que conduce a la salvación, sin dejar pesar;

pero la tristeza del mundo produce muerte" (2 Corintios 7:10). Dios desea que sintamos el dolor del pecado y pidamos perdón, Él desea que rechacemos el mal vivir que están haciendo y abracemos la salvación. El deseo de Dios es que nos arrepintamos y, por lo tanto, no seamos condenados a la tristeza desesperada del mundo, que es la muerte.

A pesar de los desafíos y las luchas, ¿estamos viviendo para hacer lo que Dios desea de nosotros? Efesios 6:5-6 nos dice que debemos ser vigilantes, obedientes y vivir correctamente, no como un espectáculo para los demás, sino porque estamos sirviendo a Jesús de buena gana y con gozo "no para ser vistos, como los que quieren agradar a los hombres, sino como siervos de Cristo, haciendo de corazón[c] la voluntad de Dios" (v. 6).

En 1 Tesalonicenses encontramos varias directivas sobre la voluntad de Dios para nuestras vidas. En 4:3, la voluntad de Dios es que nos "abstengamos de inmoralidad sexual". Dios desea que permanezcamos sexualmente puros. En 5:18 la voluntad de Dios nos llama a ser siempre agradecidos. Su deseo es que demos "gracias en todo" sin importar las circunstancias. Su voluntad es que nos alegremos en todas las cosas.

Primera de Pedro también nos da una idea de la voluntad de Dios para nosotros. Pedro escribe: "Porque esta es la voluntad de Dios: que haciendo bien, hagáis enmudecer la ignorancia de los hombres insensatos" (2:15). Es la voluntad de Dios para nosotros que no luchemos contra los incrédulos y aquellos que nos odiarían por causa de Jesús. En cambio, es Su deseo que sea por la calidad de nuestro vivir que es la ilustración de nuestra transformación, que los incrédulos y otros no tengan nada más que decir.

Para entender dónde estamos en nuestro propio caminar con Jesús, tenemos que responder algunas preguntas difíciles. Y las respuestas son para cada uno de nosotros como seguidores individuales de Cristo.

- ¿Cómo estoy *realmente*?

- ¿He estado viviendo para cumplir la voluntad de Dios en mi vida o solo estoy viviendo para mi propio deseo?
- ¿Vivo lo que quiero en lugar de lo que Dios quiere de mí y para mí?
- ¿Estoy esforzándome por demostrar que pertenezco a Cristo y lo estoy reflejando a través de mis acciones y lo que elijo?
- ¿Estoy diciendo: "Señor, mientras respire o hasta que suene la trompeta, vivo por ti"?

Por Su gracia y el poder del Espíritu Santo, Jesús revela y promulga la voluntad de Dios, y por medio de Cristo todos estamos invitados a conocer la voluntad de Dios. Como creyentes, somos atraídos a ella y capacitados para vivir por ella. Jesús dice: "Porque cualquiera que hace la voluntad de Dios, ese es mi hermano y hermana y madre" (Marcos 3:35).

Capítulo Nueve

HACIENDO LA VOLUNTAD DE DIOS

... lo que es bueno, aceptable y perfecto...
(Romanos 12:2)

En esta porción del texto, encontramos una descripción de la voluntad de Dios. La voluntad de Dios es buena. ¿Alguna vez ha usado la frase, "Si es la voluntad del Señor" o "Si Dios quiere"? ¿Qué quiere decir la gente cuando dice eso? ¿Qué quieres decir cuando lo dices? ¿Te esfuerzas para asegurarte de que la voluntad del Señor suceda en la situación y en tu vida? La verdad es que muchas personas no quieren la voluntad de Dios en su vida. Si lo hicieran, lo estarían actuando, lo estarían viviendo y lo estarían intentando. En cambio, la gente quiere su voluntad. Pero la Biblia nos dice que debemos orar por la voluntad de Dios, lo que implica que estamos pidiendo ayuda para implementarla. "Venga tu reino. Hágase tu voluntad, así en la tierra como en el cielo" (Mateo 6:10).

La frase venga tu reino es algo que decimos, pero a veces no nos detenemos en el significado de. ¿Qué es el reino de Cristo? Encontramos una respuesta en 1 Corintios 15.

> entonces vendrá el fin, cuando Él entregue el reino al Dios y Padre, después que haya abolido todo dominio y toda autoridad y poder. Pues Cristo debe reinar hasta que haya puesto a todos sus enemigos debajo de sus pies. Y el último enemigo que será abolido es la muerte. Porque Dios ha puesto todo en sujeción bajo sus pies.

> Pero cuando dice que todas las cosas le están sujetas, es evidente que se exceptúa a aquel que ha sometido a Él todas las cosas. Y cuando todo haya sido sometido a Él, entonces también el Hijo mismo se sujetará a aquel que sujetó a Él todas las cosas, para que Dios sea todo en todos (1 Corintios 15:24-28).

El reino de Cristo es el gobierno de Cristo en el trono de David con Su pueblo por mil años, cuando Él limite la maldición de la tierra, donde el león y el cordero se juntarán.

> También vi tronos, y se sentaron sobre ellos, y se les concedió autoridad para juzgar. Y vi las almas de los que habían sido decapitados por causa del testimonio de Jesús y de la palabra de Dios, y a los que no habían adorado a la bestia ni a su imagen, ni habían recibido la marca sobre su frente ni sobre su mano; y volvieron a la vida y reinaron con Cristo por mil años. Los demás muertos no volvieron a la vida hasta que se cumplieron los mil años. Esta es la primera resurrección. Bienaventurado y santo es el que tiene parte en la primera resurrección; la muerte segunda no tiene poder sobre estos, sino que serán sacerdotes de Dios y de Cristo, y reinarán con Él por mil años (Apocalipsis 20:4-6).

Cuando oramos por el reino, estamos orando por el que venció el pecado y la muerte para sentarse en el trono de David en Jerusalén. La profecía de Isaías 11 tendrá lugar donde el linaje de David, la raíz de Isaí, gobernará con justicia (vv. 1-5). El león y el becerro pastarán juntos, y el lobo y el cordero dormirán juntos (vv. 6-7), porque no hay depredador ni presa. Y el niño jugará con serpientes venenosas sin temor a ser mordido (v. 8). Isaías 2:4 dice que la tierra será muy fértil sin maleza ni espinos, sequía ni arena, que la gente convertirá sus armas en aperos de labranza, y por los milenios, no habrá demonios, ni diablo, ni guerras, ni maldición limitada en la tierra! Esto es por lo que todo creyente debe orar. Esto es lo que debemos anhelar y anticipar. Debería ser lo que anhelamos. Las Escrituras dicen que la tierra lo anhela y se queja por él.

> Porque el anhelo profundo de la creación es aguardar ansiosamente la revelación de los hijos de Dios. Porque la creación fue sometida a vanidad, no de su propia voluntad, sino por causa de aquel que la sometió, en la esperanza de que la creación misma será también liberada de la esclavitud de la corrupción a la libertad de la gloria de los hijos de Dios. Pues sabemos que la creación entera a una gime y sufre dolores de parto hasta ahora. Y no solo ella, sino que también nosotros mismos, que tenemos las primicias del Espíritu, aun nosotros mismos gemimos en nuestro interior, aguardando ansiosamente la adopción como hijos, la redención de nuestro cuerpo (Romanos 8:19-23).

Por favor, Señor, líbranos de la corrupción y el pecado, quita el mal que nos rodea, el dolor, la enfermedad y el cáncer.

Durante el reinado de Jesús, este mundo verá el plan de Dios desarrollarse de la manera en que originalmente estaba destinado a ocurrir en el jardín. Sin embargo, todavía no estamos en ese día. Entonces, mientras tanto, hasta el día en que respiremos por última vez o estemos en el momento en que "seremos arrebatados juntamente con ellos en las nubes al encuentro del Señor" (1 Tesalonicenses 4:17), tenemos un trabajo que hacer.

Ese trabajo está implícito en la oración que Jesús nos enseñó: "Venga tu reino, hágase tu voluntad" (Mateo 6:10). Debemos estar haciendo Su voluntad. Señor, esperamos ese tiempo con gozosa anticipación, aun así, mientras tanto, queremos estar haciendo Tu voluntad.

La Escritura es clara en cuanto a que los santos gobernarán a Su regreso. Considere estos ejemplos:

- "si perseveramos, también reinaremos con Él; si le negamos[a], Él también nos negará" (2 Timoteo 2:12).
- "Y él le dijo: «Bien hecho, buen siervo, puesto que has sido fiel en lo muy poco, ten autoridad sobre diez ciudades». Entonces vino el segundo, diciendo: «Tu mina, señor, ha producido cinco minas». Y dijo también a este: «Y tú vas a estar[a] sobre cinco ciudades»" (Lucas 19:17-19).
- "Y los has hecho[a] un reino y sacerdotes para nuestro Dios; y reinarán[b] sobre la tierra" (Apocalipsis 5:10).
- "Pero el tribunal se sentará para juzgar, y su dominio le será quitado, aniquilado y destruido para siempre. Y la soberanía[b], el dominio y la grandeza de todos los reinos debajo de todo el cielo serán entregados al pueblo de los santos del Altísimo. Su reino será un reino eterno, y todos los dominios le servirán y le obedecerán»" (Daniel 7:26-27).
- "¿Se atreve alguno de vosotros, cuando tiene algo contra su prójimo, a ir a juicio ante los incrédulos y no ante los santos? ¿O no sabéis que los santos han de juzgar al mundo? Y si el mundo es juzgado por vosotros, ¿no sois competentes para juzgar los casos más triviales? ¿No sabéis que hemos de juzgar a los ángeles? ¡Cuánto más asuntos de esta vida! (1 Corintios 6:1-3).
- "Y si sois de Cristo, entonces sois descendencia de Abraham, herederos según la promesa" (Gálatas 3:29).
- "y si hijos, también herederos; herederos de Dios y coherederos con Cristo, si en verdad padecemos con Él a fin de que también seamos glorificados con Él" (Romanos 8:17).

El reinado está reservado para los que permanecemos fieles en la espera. DEBEMOS prestar atención a la idea de la recompensa. La escritura nos dice que lo hagamos. "Y sin fe es imposible agradar a Dios; porque es necesario que el que se acerca a Dios crea que Él existe, y que es remunerador de los que le buscan" (Hebreos 11:6).

Es fundamental que no perdamos de vista que nuestra entrada al cielo es un regalo, no una recompensa. No lo ganamos. De hecho, nunca podríamos ganárnoslo. A pesar del costo abrumador para Jesús, es completamente gratis para nosotros.

Hágase su voluntad. ¿Cómo vivimos para Jesús en nuestra espera? ¡Nos mantenemos ocupados! Al igual que el siervo en la parábola de los talentos en Mateo 25, debemos estar ocupados en los asuntos de nuestro Maestro, con la meta de algún día escuchar esas preciosas palabras: "Bien, siervo bueno y fiel; en lo poco fuiste fiel, sobre mucho te pondré; entra en el gozo de tu señor" (v. 23).

Y, ¿cómo luce estar ocupado? Mateo 6:10 nos da ideas valiosas. Si debemos esperar ese tiempo de libertad, mientras tanto podemos vivir la libertad y la gracia en nuestras vidas. Simplemente podemos pedirle a Jesús: "Señor, déjame trabajar por tu reino aquí en la tierra, déjame ser tu embajador en el reino que no pasará". Cuando Pablo dijo que él era un embajador en Efesios 6:20, estaba diciendo yo soy el extranjero que habla y vive en tierra extranjera en nombre de mi Rey. Cuando hablo es por El, cuando trabajo, vivo y como actúo habla por El y Su reino. En otras palabras, estoy viviendo la voluntad de Dios en la tierra. Estoy viviendo para El, como El pide y haciendo Sus deseos, como su delegado a los perdidos.

Comenzamos poniendo nuestra confianza en Jesús y aceptando nuestra posición como Su hijo. Cuando permitimos que Jesús obre en nosotros, dejamos que su amor y su gracia brillen a través de nosotros, estamos viviendo su voluntad. Cuando nuestra salvación toma el control y hace que el cambio transformador sea contagioso, estamos viviendo Su voluntad. Hacer la voluntad de Dios no es ganar la salvación, es permitir que Dios obre a través de nosotros para que Su reino se pueda ver aquí en la tierra; "porque Dios es quien obra en vosotros tanto el querer como el hacer, para[a] su beneplácito" (Filipenses 2:13).

Vivir la voluntad de Dios puede ser difícil a veces. Sin embargo, como embajadores de Su reino, disfrutamos de una relación muy especial con Él. Marcos relata una ocasión en que, en medio de una multitud, alguien anunció que los familiares de Jesús lo estaban buscando. La respuesta de Jesús nos da claridad sobre la naturaleza especial de nuestra relación con Él. En Marcos 3 leemos que en lugar de ir a buscar a su madre y hermanos, Jesús aprovechó el momento para enseñar a la multitud sobre la relación que tiene con los creyentes. Los versículos 33-35 dicen: "Respondiéndoles Él, dijo: ¿Quiénes son mi madre y mis hermanos? Y mirando en torno a los que estaban sentados en círculo, a su alrededor, dijo: He aquí mi madre y mis hermanos. Porque cualquiera que hace la voluntad de Dios, ese es mi hermano y hermana y madre."

En este pasaje, Jesús no se enfoca en los apegos a aquellos que estaban relacionados físicamente, sino que identifica que lo que importa son aquellos que están relacionados espiritualmente con Él, los miembros de Su familia son Sus seguidores. Esto es especialmente importante cuando recordamos que la madre de Jesús no viajó con los doce mientras compartían las buenas nuevas de la gracia, ¡y los hermanos de Jesús no dedicaron tiempo a buscar y salvar a los perdidos!

De hecho, en Juan 7 leemos: "Porque ni aun sus hermanos creían en Él" (v. 5). Cuando Jesús andaba escondiéndose de los guardias del templo y de los sacerdotes mientras realizaba milagros en las ciudades pequeñas, sus hermanos le dijeron que no se escondiera, sino que se diera a conocer en público. Si Jesús hubiera seguido sus instrucciones, lo habrían arrestado, pero Jesús sabía que no era el momento y que le quedaba mucho por hacer.

Sabía lo que sus hermanos estaban pensando, y "Entonces Jesús les dijo: 'Mi tiempo aún no ha llegado, pero vuestro tiempo es siempre oportuno' " (v. 6). Su familia terrenal aún no había entrado en una relación espiritual con Jesús. Estaban desconectados. Si bien eran familia en la carne, aún no eran hermanos con Cristo en el amor del Padre.

Somos hermanos, hermanas y madres en la familia de Jesús. Somos sus seguidores que lo llamamos Salvador, que lo demostramos a los demás y que vivimos correctamente y con gozo sin importar nuestras circunstancias. Este es nuestro propósito especial dentro de la familia, ¡y Dios quiere que nos mantengamos enfocados!

Marcos 3:35 hace que la definición de la familia de Jesús sea incuestionable, porque Jesús mismo declara: "Porque cualquiera que hace la voluntad de Dios, ese es mi hermano y hermana y madre." Jesús está declarando categóricamente que Su familia está compuesta por aquellos que trabajan con Él para lograr lo que el Padre lo envió a hacer aquí. Nuestro Padre establece la agenda, y Jesús dice que Su familia son aquellos que trabajan con Él para ese fin. En otras palabras, papá hace el plan por nosotros y juntos como familia lo hacemos.

¿Y cuál fue la agenda que puso el Padre? ¿Cuál fue el propósito divino que Jesús fue enviado a cumplir? "Porque el Hijo del Hombre ha venido a buscar y a salvar lo que se había perdido" (Lucas 19:10). El propósito de Jesús en la tierra fue buscar y salvar, y nuestro propósito es muy similar. Estamos aquí para encontrar a los perdidos y compartir el amor del Padre con ellos. Nuestro objetivo es acompañar a los marginados, los oprimidos y aquellos que reconocen su necesidad de un Salvador, y compartir el amor y el perdón que nosotros mismos ya hemos recibido.

Nuestro propósito es decirles a los demás que ellos también pueden vivir y no morir. Si alguno de nosotros tuviera un amigo parado demasiado cerca del borde de un acantilado, ciertamente le diríamos lo inseguro que es, pero es una apuesta segura que la mayoría de nosotros no nos detendríamos con esa advertencia. La mayoría de nosotros también les instamos con seriedad a alejarse del peligro, a dar un paso en la dirección correcta para que vivan y no mueran. ¿De qué serviría sentarse y esperar a que una persona lo descubra por sí misma sin ninguna ayuda mientras corre el riesgo de morir en todo momento?

En Lucas 19:10, Jesús usa los verbos buscar y salvar. Las acciones pertenecen a Jesús. Él está haciendo la búsqueda y la salvación. Él no está esperando que los perdidos lo encuentren. No hay ninguna acción que los perdidos necesiten tomar para ser buscados y salvados. Jesús está activo en Su deber y ocupado en la agenda que Dios le ha propuesto.

Así como los discípulos de la Biblia estaban ocupados buscando y salvando, como seguidores de Cristo, nosotros también debemos estar ocupados con nuestro trabajo por el reino de Dios. Los discípulos no se quedaron de brazos cruzados esperando que los perdidos llegaran a ellos. Cumplieron su misión. Trabajaron en su papel. No esperaron. Tomaron el plan y lo siguieron.

Jesús había estado yendo de un lugar a otro realizando muchas señales y prodigios. Juan 5 y Juan 6 relatan la experiencia del sermón de la montaña de Jesús. La gente seguía a Jesús en una multitud creciente. En Juan 6:1-13, uno de Sus sermones más largos, pasó horas enseñando a una multitud de personas que se contaban por decenas de miles. Cuando ya era tarde y todos tenían mucha hambre, ante el asombro de sus discípulos, Jesús los alimentó a todos con solo cinco panes y dos peces.

El ministerio de Jesús floreció. La gente lo seguía en masa, y la murmuración del pueblo era Jesús el Maestro. Se podría decir que Jesús tuvo la primera "mega iglesia". También se podría decir que fue el primer pastor al que se le pidió que dejara el púlpito. El mensaje de Jesús, Su plan, Su visión, no era la declaración de poder que la gente quería.

El pueblo quería un Rey que derrocara a Roma, destronara a Herodes y detuviera la corrupción entre los líderes religiosos.

Querían poder y fuerza, no amor y perdón. En Juan 6 Sus seguidores claman, pidiéndole a Jesús que los guíe, sea su Moisés, los rescate de los romanos y Herodes que fueron su Egipto. Querían que Jesús venciera a sus opresores. Pero la respuesta de Jesús no fue lo que la gente quería escuchar y el número de seguidores disminuyó. "Como resultado de esto muchos de sus discípulos se apartaron y ya no andaban con Él" (v. 66).

Si bien había 10,000 o más en la multitud, este número pronto se redujo a 72, y luego de esos 72, solo quedaron los 12. Pero los doce entendieron. "Entonces Jesús dijo a los doce: ¿Acaso queréis vosotros iros también? 68 Simón Pedro le respondió: Señor, ¿a quién iremos? Tú tienes palabras de vida eterna" (vv. 67-68).

Las multitudes se retiraron porque Su plan no era lo suficientemente popular, la meta no era lo suficientemente majestuosa y la gente pensó que sus ideas eran mejores que la agenda de Dios. Pero Jesús se trataba de la obra del Padre, y se trataba de cumplir lo que Dios le pedía, no lo que la gente clamaba.

> Porque he descendido del cielo, no para hacer mi voluntad, sino la voluntad del que me envió. Y esta es la voluntad del que me envió: que de todo lo que Él me ha dado yo no pierda nada, sino que lo resucite en el día final. Porque esta es la voluntad de mi Padre: que todo aquel que ve al Hijo y cree en Él, tenga vida eterna, y yo mismo lo resucitaré en el día final (Juan 6:38-40).

La voluntad de Dios era, y es, alcanzar a los perdidos, traerles vida a través de la obra que Jesús hizo en la cruz. Sin embargo, para las multitudes en el tiempo de Jesús, este propósito simplemente no cumplió con sus expectativas. Y así, Jesús pasó de una mega-iglesia (10,000+), a una iglesia pequeña (72), a una iglesia en casa (12 discípulos).

Si bien algunos pueden interpretar esto como una especie de colapso o declive, el hecho es que la iglesia local de Jesús de doce discípulos compartió con Él una meta común, y esto los convirtió en una familia. "Y extendiendo su mano hacia sus discípulos, dijo: ¡He aquí mi madre y mis hermanos!" (Mateo 12:49).

Hay una parte clave del pasaje que apunta a que parte de la familia de sangre de Jesús viene con objetivos opuestos. Marcos 3:32 usa el griego, *zētousin* (ζητοῦσίν), que significa "inquirir de" o "buscar" en este versículo. Los parientes carnales de Jesús buscaban al Buscador, mientras que su familia espiritual buscaba de acuerdo con la voluntad del Padre. Esto se puede decir de nosotros acerca de nuestros parientes y nuestra familia.

¿Quién es nuestra familia? Si bien muchos de nosotros inmediatamente pensaríamos en parientes en el grupo en el que nacimos o crecimos, este versículo en Marcos 3 invita a una consideración más profunda de esta pregunta: "Porque cualquiera que hace la voluntad de Dios, ese es mi hermano y hermana y madre" (v. 35). Tenemos una familia terrenal que merece nuestra atención, cuidado y preocupación. Esto lo subraya Jesús, quien se preocupó profundamente por estas relaciones en su propia vida. Los parientes de la carne son importantes para Jesús, y también deberían serlo para nosotros.

Sin embargo, también tenemos una familia espiritual cuya conexión con nosotros supera con creces los límites y fronteras de esta vida. Esta familia es definida por Cristo mismo como aquellos que hacen la voluntad de Dios para buscar y salvar a los perdidos, aquellos que viven en este propósito. La familia se extiende más allá de la carne y la sangre para incluir el propósito eterno por el cual todos fuimos creados. "Por tanto, si hay algún estímulo en Cristo, si hay algún consuelo de amor, si hay alguna comunión del Espíritu, si algún afecto y compasión, haced completo mi gozo, siendo del mismo sentir, conservando el mismo amor, unidos en espíritu, dedicados a un mismo propósito" (Filipenses 2:1-2).

Nos reunimos como familia, por el Padre, en el Espíritu y por medio del Hijo. Nos convertimos en familia cuando somos transformados, hechos nuevos como seguidores de ideas afines que viven para la voluntad de Dios de que Su reino, de hecho, venga. Esto es familia.

¿Cómo vivimos nuestra transformación? ¿Cómo vivimos con las metas familiares en mente? No es complicado.

Orar. Oramos como lo hizo Jesús, "pero no se haga mi voluntad, sino la tuya" (Lucas 22:42b). Ore para que Su voluntad se haga aquí en la tierra, que Él nos haga valientes y nos dé oportunidades para participar en la misión de Jesús de buscar y salvar.

Alcanzar. Cuando somos transformados y vivimos en la voluntad de Dios, buscamos activamente a los perdidos que nos rodean. Nos mantenemos alerta y velando de la misma manera que Jesús y sus doce hermanos buscaban a los perdidos en toda situación y circunstancia. (¿Recuerdan a Pablo, encarcelado, encadenado, pero todavía orando para ser audaz y valiente por los perdidos a su alrededor? [ver Efesios 6:19-20])

Hacer. Si solo pensamos o hablamos de actuar en la voluntad de Dios, no estamos viviendo con la familia. Necesitamos usar la audacia y el coraje que tenemos en Cristo para tener conversaciones, repartir volantes, tarjetas y tratados, invitar personas a la iglesia, compartir el evangelio y la transformación que nosotros mismos hemos experimentado.

Preguntar. Jesús dijo: "Por eso os digo que todas las cosas por las que oréis y pidáis, creed que ya las habéis recibido, y os serán concedidas" (Marcos 11:24). Así que preguntamos, sabiendo ya que Él nos responderá. Pídele al Señor que edifique la iglesia, que guíe a los líderes, que establezca un ministerio, que haga crecer la fe y, como sugieren muchas canciones y escritos contemporáneos, que quebrante nuestros corazones por lo que quebranta el Suyo. Pregúntale, y luego confía en Él con la respuesta.

Rendirnos. Cuando entregamos a Dios lo que hemos estado tratando de hacer por nuestra cuenta, y renunciamos a tratar de forzar a Dios en nuestros planes miopes, cedemos nuestra voluntad a la Suya. Cuando finalmente soltamos, nos liberamos de las restricciones de nuestras propias limitaciones. Debemos rendirnos a Él en el trabajo, en el hogar, en nuestras relaciones, mientras miramos televisión, manejamos a nuestras citas, hacemos fila en el supermercado y en todas las demás situaciones y circunstancias. Ríndete y observa cómo Él nos usa para la gloria de Dios y la venida de Su reino.

Ahora que hemos sido hechos nuevas criaturas, tenemos la oportunidad de modelar al mundo lo que significa ser transformados. Podemos demostrar una vida vivida para Jesús, según Su palabra. Podemos revelar lo que significa someter nuestros pensamientos, intenciones y acciones a Él, y lo que significa vivir en la voluntad de Dios. ¡Podemos mostrar cómo nuestras circunstancias ya no son determinantes de nuestro gozo y, como sacrificios vivos, podemos dar testimonio de la libertad que proviene de nuestra salvación!

Capítulo Diez

LA DECISIÓN

... Por consiguiente, hermanos, os ruego por las misericordias de Dios que presentéis vuestros cuerpos como sacrificio vivo y santo, aceptable a Dios, que es vuestro culto racional. 2 Y no os adaptéis a este mundo, sino transformaos mediante la renovación de vuestra mente, para que verifiquéis cuál es la voluntad de Dios: lo que es bueno, aceptable[d] y perfecto...
(Romanos 12:1-2)

Habiendo trabajado en Romanos 12:2, ahora se enfrenta a una decisión. ¿Eres una mariposa transformada del viejo gusano que se arrastra por el suelo en una creación nueva y hermosa? ¿O eres gelatina que cambia de forma y se ajusta a cualquier molde que el mundo quiera de ti?

Si somos transformados y hechos nuevos, cuando leemos la Biblia, escuchamos un sermón o algo más nos mueve o nos convence, estas experiencias nos impulsan a actuar. Sin embargo, si algo oprime nuestro corazón y no respondemos con la acción a la que estamos llamados, estamos siendo engañados. Cuando escuchamos lo que debemos hacer o entendemos cómo debemos actuar, pero no cambiamos, nos engañamos.

¿Estás en el mismo lugar que estabas antes de que empezáramos este viaje? Es mi oración que estés viendo las cosas de manera diferente después de nuestro viaje juntos. Pregúntese: ¿Permitiré que Dios me transforme, o me alejaré de esta experiencia sin cambios? Oro sinceramente para que le quede claro lo que nosotros, como creyentes, debemos hacer y cómo debemos hacerlo de acuerdo con la palabra de Dios, pero solo usted y Dios pueden saberlo con certeza.

> Por lo cual, desechando toda inmundicia y todo resto de malicia, recibid con humildad la palabra implantada, que es poderosa para salvar vuestras almas. Sed hacedores de la palabra y no solamente oidores que se engañan a sí mismos. Porque si alguno es oidor de la palabra, y no hacedor, es semejante a un hombre que mira su rostro natural en un espejo; pues después de mirarse a sí mismo e irse, inmediatamente se olvida de qué clase de persona es. Pero el que mira atentamente[e] a la ley perfecta, la ley de la libertad, y permanece en ella, no habiéndose vuelto un oidor olvidadizo sino un hacedor eficaz, este será bienaventurado en lo que hace (Santiago 1:21-25).

Como hemos descubierto juntos en Romanos 12:2, Pablo nos está rogando que nos entreguemos a Jesús, que entreguemos todo lo que tenemos y todo lo que somos, todo nuestro ser, sin guardarnos nada. Convertirse en un sacrificio vivo es algo que hacemos en agradecimiento por la misericordia que Dios nos ha mostrado. La misericordia es el regalo de no recibir lo que merecemos. Como pecadores, merecemos el castigo por las cosas malas que hacemos, pero en cambio, nuestro Dios misericordioso nos da lo que no merecemos. Esta es la gracia de Dios.

Hay bendiciones reservadas para aquellos que buscan al Señor, que se comprometen a vivir por Su palabra y crecer en Jesucristo. ¡Cuán bienaventurado es el hombre que no anda en el consejo de los impíos, ni se detiene en el camino de los pecadores, ni se sienta en la silla de los escarnecedores," (Salmo 1:1). La persona que busca al Señor no sigue la dirección de los incrédulos ni sigue los caminos del mundo. En cambio, la persona que sigue a Jesús toma el consejo de la palabra de Dios y se guía por lo que el Señor tiene que decir sobre sus pruebas, sus alegrías y cualesquiera que sean sus circunstancias.

Por el contrario, una persona malvada camina con personas malvadas, sus círculos internos son malvados, su pensamiento es malvado y sus acciones son malvadas. Algunos pueden sentirse incomodos con la palabra malvados, pero fácilmente podemos cambiarlos por mundanos o egoístas. La palabra hebrea para maldad es *rishah* (רִשְׁעָה), pero esta palabra hebrea también se usa para referirse a culpa o mal moral.

Cualquiera que sea la palabra que usemos, en última instancia, lo que el pasaje está diciendo es que no debemos recibir consejos de personas egoístas ni vivir nuestras vidas a la manera de los incrédulos. Una persona transformada se aparta de la que siempre piensa en sí misma y en su ganancia, y no camina por su camino.

Amós 3: 3 pregunta: "¿Andan dos hombres juntos si no se han puesto de acuerdo?" Este versículo señala que al caminar juntos tenemos un entendimiento común. Vamos por el mismo camino. El camino de los malvados es doloroso, hiriente y solitario. El que rechaza este camino es bendecido, como se traduce de la palabra hebrea *esher* (אֶשֶׁר) que significa "felicidad". Cuando nos rodeamos de seguidores de Jesús de ideas afines, descansamos tranquilos mientras evitamos los consejos peligrosos de personas egoístas.

Cuando dejamos que la palabra de Dios se arraigue en nuestra vida, germina. A medida que Su palabra dirige nuestras vidas, nos hace productivos para Su reino. El Salmo 1:2 dice: "sino que en la ley del Señor está su deleite, y en su ley medita de día y de noche!". Deléitese y medite en la palabra de Dios. Esta palabra, delicia, de la palabra hebrea *jephets* (חֵפֶץ), significa "deseo" o "buen placer". Nos gozamos y descansamos en el placer cuando hemos encontrado nuestro lugar en la palabra de Dios. Cuando nuestro caminar es un caminar con el Señor, cuando buscamos Su palabra como nuestro camino, cuando vivimos para Su voluntad y Su reino, entonces encontramos satisfacción. Y nuestra felicidad ya no depende de las circunstancias de esta vida.

El Salmo 1:2 nos da una idea de dónde viene nuestra felicidad, nuestro gozo. Al rechazar los consejos entrantes, rechazar la asociación con personas malvadas y la dirección de los incrédulos, podemos dar fruto. Podemos vivir siempre en flor porque aceptamos la palabra de Dios y vivimos de acuerdo con ella.

Cuando abrimos nuestro corazón al Señor, Él proporciona tierra fértil para nuestro crecimiento y recibimos agua del pozo de Jesús. Nunca sufrimos sequía ni hambre. A medida que la palabra de Dios radica en nosotros, somos perpetuamente refrescados y fortalecidos, siempre buscando oportunidades para buscar y salvar para la gloria de Dios. "Será como árbol firmemente plantado junto a corrientes de agua, que da su fruto a su tiempo, y su hoja no se marchita; en todo lo que hace, prospera" (Salmo 1:3).

Esta es la vida que nos espera cuando rechazamos el camino de los malvados y elegimos en cambio el camino del Señor. Ya no deambulamos en nuestros caminos pecaminosos, sino que caminamos en paz y cumplimos el propósito que compartimos con Jesús y nuestra familia espiritual. Por supuesto, debemos realmente caminar por el camino del Señor, pero cuando lo hacemos, evitamos los abismos del egoísmo y el pecado. "Digo, pues: Andad por el Espíritu, y no cumpliréis el deseo de la carne" (Gálatas 5:16).

Esto no es diferente a lo que leemos en Amós 3:3 y el Salmo 1. La persona que ama al Señor, que ama y aplica Su palabra, de esa persona proviene la bondad que ellos mismos han recibido por medio de Jesús. Cuando estamos firmemente plantados, los tiempos difíciles no nos sacuden, las tormentas de la vida no nos desvían de nuestro rumbo, nuestra fe se mantiene firme porque sabemos que la verdad de la palabra de Dios es inmutable. Cuando llega la sequía, la enfermedad, el dolor, el sufrimiento, incluso la muerte, cuando otros se apartan, todavía creemos porque estamos arraigados en la vid misma. Es a Él a quien miramos y somos fortalecidos y consolados.

Como seguidores de Cristo, sabemos que vienen tiempos difíciles, pero también sabemos que Dios todavía nos ama y la respuesta es volver nuestra mirada a Jesús. Reconocemos que habrá dolor y tristeza, pero sabemos que Jesús murió por nosotros y vivimos en su gloria y gracia. Sabemos que el gozo y la felicidad resultan de estar apegados a la vid. Leamos y meditemos en la verdad que es la palabra del Señor, porque su palabra nunca nos fallará. ¡Y, como miembros de la familia de Cristo, sabemos que nuestro propósito es contarle a un mundo moribundo de Su perfecta salvación!

No se puede decir lo mismo de los malvados. Las Escrituras nos dicen: "No así los impíos, que son como paja que se lleva el viento. Por tanto, no se sostendrán los impíos en el juicio, ni los pecadores en la congregación de los justos. Porque el Señor conoce el camino de los justos, mas el camino de los impíos perecerá" (Salmo 1:4-6). Estos que no están arraigados en la palabra de Dios, las ramas que no están sacando su vida de la vid, estos no están caminando en sintonía con el Espíritu. Son como paja, arrastradas aquí y allá como malas hierbas en el viento. No tienen raíz en la palabra de Dios, y no están tratando de crecer y ser fructíferos.

Vivir una vida significativa es vivir la palabra de Dios, estar arraigado en Cristo y transformado en una nueva creación que vive en la voluntad de Dios. El sentido de esta vida se encuentra en Cristo. Se encuentra en ser una familia que comparte un solo propósito, buscar y salvar en cada oportunidad. El Salmo 1:2 nos dice que nos deleitemos (estudiemos la palabra de Dios) y meditemos (busquemos entenderla y aplicarla).

Es hora de dejar de amoldarse al mundo, hora de romper el molde del mundo. Vivir como la gelatina que se esfuerza siempre por amoldarse significa que, en un momento dado, estamos definidos y nuestras vidas están determinadas por quien sea que nos encontremos, la situación en la que nos encontremos en ese momento, dónde estemos, cuya aceptación nosotros buscamos. Terminamos viviendo como y para el mundo.

La gelatina se conforma, ¡pero las mariposas se transforman! De la fea vida de un gusano se convierten en una criatura nueva y hermosa. "Y no os adaptéis a este mundo, sino transformaos mediante la renovación de vuestra mente, para que verifiquéis cuál es la voluntad de Dios: lo que es bueno, aceptable y perfecto" (Romanos 12:2). ¡La transformación viene cuando elegimos cambiar nuestra vida y nuestra mente mientras seguimos a Jesús!

La vida anterior se trataba de amoldarnos y retorcernos en cualquier forma que funcionara para las circunstancias.

En esa vida hay que tener cuidado de no ofender, de no llamar la atención, y mantenemos nuestro enfoque en ser aceptados. La vida transformada no es nada de eso. La palabra de Dios identifica una y otra vez que estamos específicamente llamados a ser apartados. Pedro explica quiénes somos como nuevas creaciones: "Pero vosotros sois linaje escogido, real sacerdocio, nación santa, pueblo adquirido para posesión de Dios, a fin de que anunciéis las virtudes de aquel que os llamó de las tinieblas a su luz admirable" (1 Pedro 2:9). También nos exhorta a vivir la vida transformada, diciéndonos "sino que así como aquel que os llamó es santo, así también sed vosotros santos en toda vuestra manera de vivir; 16 porque escrito está: Sed santos, porque Yo soy santo" (1 Pedro 1:15-16).

En última instancia, cada uno de nosotros debe decidir por sí mismo si se entregará a sí mismo como un sacrificio vivo, apartándose de lo viejo y abrazando nuestra transformación en una creación nueva y hermosa, viviendo en la voluntad de Dios y como miembro de la familia de Jesús para buscar cada oportunidad de compartir el evangelio de salvación con un mundo perdido y herido.

Cada uno de nosotros tiene la opción de vivir en nuestras viejas costumbres para la aceptación del mundo, o romper el molde y vivir para Jesús en agradecimiento por todo lo que Él ha hecho por nosotros.

"sabiendo esto, que nuestro viejo hombre fue crucificado con Él, para que nuestro cuerpo de pecado fuera destruido, a fin de que ya no seamos esclavos del pecado; Así también vosotros, consideraos muertos para el pecado, pero vivos para Dios en Cristo Jesús" (Romanos 6:6, 11).